T0055276

Leonardo da Vinci
Arte y ciencia del universo

DESCUBRIR EL ARTE

BIBLIOTECA ILUSTRADA

12

BLUME

ALESSANDRO VEZZOSI

Alessandro Vezzosi, crítico de arte, es autor de diversas obras, artículos y catálogos, y ha coordinado numerosas exposiciones. Da clases en la Università del Progetto à Reggio Emilia. Experto en Leonardo, le ha dedicado decenas de exposiciones y publicaciones en Italia, Canadá, Japón... y diversas ediciones multimedia. Fundó en 1993 el Museo Ideale Leonardo da Vinci di Arte Utopia e Cultura della Terra, del cual es director en la actualidad.

Título original:
Léonard de Vinci. Art et science de l'univers

Equipo editorial de la edición en francés:
Pierre Marchand, Elisabeth de Farcy, Anne Lemaire, Alain Gouessant, Isabelle de Latour, Fabienne Brifault, Madeleine Giai-Levra

Traducción:
Julia Alquézar Solsona

Revisión especializada de la edición en lengua española:
Josep M. Rovira Gimeno
Catedrático
Escuela Técnica Superior de Arquitectura de Barcelona
Universidad Politécnica de Catalunya

Coordinación de la edición en lengua española:
Cristina Rodríguez Fischer

Primera edición en lengua española 2011

© 2011 Naturart, S. A. Editado por BLUME
Av. Mare de Déu de Lorda, 20
08034 Barcelona
Tel. 93 205 40 00 Fax 93 205 14 41
e-mail: info@blume.net
© 1996 Gallimard, París (Francia)

I.S.B.N.: 978-84-8076-933-4
Depósito legal: B-6.392-2011
Impreso en Tallers Gràfics Soler, Esplugues de Llobregat (Barcelona)

Este libro se ha impreso sobre papel manufacturado con materia prima procedente de bosques sostenibles. En la producción de nuestros libros procuramos, con el máximo empeño, cumplir con los requisitos medioambientales que promueven la conservación y el uso sostenible de los bosques, en especial de los bosques primarios. Asimismo, en nuestra preocupación por el planeta, intentamos emplear al máximo materiales reciclados, y solicitamos a nuestros proveedores que usen materiales de manufactura cuya fabricación esté libre de cloro elemental (ECF) o de metales pesados, entre otros.

CONTENIDO

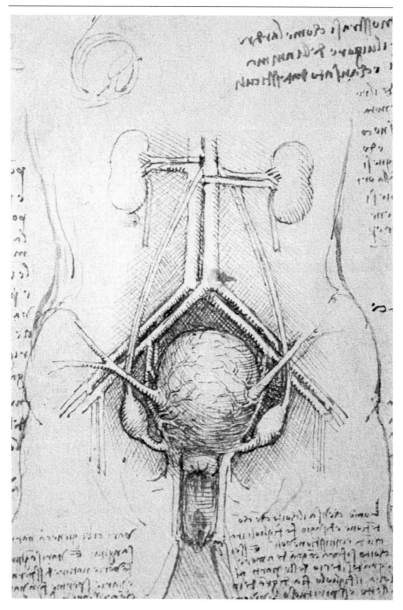

"El 15 de abril [1452], un sábado a las tres de la noche, nació mi nieto, hijo de Ser Piero. Lo llamaron Leonardo. El sacerdote Piero di Bartolomeo, de Vinci, lo bautizó [en presencia de] Papino di Nanni Banti, Meo di Tonino, Piero di Malvolto, Nanni di Venzo, Arigho di Giovanni Tedescho, monna Lisa di Domenicho di Brettone, monna Antonia di Giuliano, monna Niccholosa del Barna, monna Maria, hija de Nannie di Venzo, monna Pippa di Previchone.»

CAPÍTULO 1

HABÍA UNA VEZ EN VINCI

Con menosprecio a los que no son «hijos del amor», Leonardo acompaña este dibujo (izquierda) con las siguientes palabras: «El hijo engendrado por la fastidiosa lujuria de la mujer y no por la voluntad del marido será mediocre, vil y con un espíritu grosero, el hombre que realiza el coito con reticencia y disgusto hace niños irascibles y cobardes». Al lado, un bajorrelieve romano que procede de la parroquia de Sant' Ansano, donde Leonardo pasó su infancia.

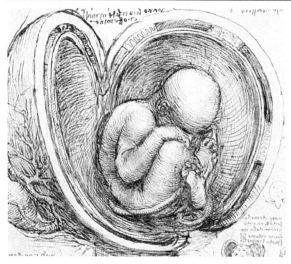

En este grabado, Leonardo no sólo dibuja la anatomía de un feto en posición «de nalgas», sino que también abre la matriz como una fruta mecánica, un «huevo cósmico», que representa la cáscara y el cordón umbilical que se enrolla en una línea sinuosa, y además añade cotiledones, tras haberlos observado en un útero bovino.

El reciente descubrimiento del acta por la cual Antonio da Vinci, el abuelo de Leonardo, da fe de los lazos que unen al niño a la familia disipa buena parte de los supuestos misterios que rodean la infancia del artista.

Conocemos la hora del nacimiento: «3 horas de la noche», es decir, tres horas después del avemaría, 22.30 h según el sistema actual, el sábado 15 de abril de 1452...

Hijo del amor

A pesar de que es un hijo ilegítimo, no se intenta mantener en secreto su nacimiento ni disimular sus orígenes. Es evidente que no lo consideran «nacido del pecado», sino como un «hijo del amor». Leonardo lo recordará más tarde en una serie de dibujos anatómicos:

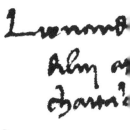

La marca notarial de Ser Piero (*izquierda*), padre de Leonardo, es sencilla y elegante.

«Y si el coito se realiza con mucho amor y gran deseo por parte de ambas partes, el niño será muy inteligente, lleno de ingenio, vivacidad y gracia».

Dos padres, cinco madres y dieciocho hermanos

En la aldea de Vinci, los vecinos festejan el nacimiento de Leonardo y participan en la ceremonia de bautismo. Como hecho extraordinario, el niño tiene cinco madrinas y cinco padrinos, todos ellos del propio pueblo; entre ellos se encuentra también Arrigo di Giovanni Tudesco, el muy apreciado regidor de los Ridolfi, una familia de nobles florentinos, grandes propietarios de casas y de terrenos en Vinci. Desde el primer momento, la acogida del niño en la casa paterna, que está delante de la Loggia del Comune, fue muy buena y nunca lo dejaron al margen de la familia.

El abuelo de Leonardo, Antonio, no siguió la tradición de la familia Da Vinci (con la mayúscula que distingue el apellido de una simple mención del pueblo de origen). No es notario, aunque a menudo redacta actas e incluso contratos. No obstante, el documento donde figura el estado civil completo de Leonardo (*inferior*) lo escribió en su nombre Ser Piero, su hijo.

La madre del niño se llama Caterina, pero se desconoce el apellido de su familia. ¿De verdad es *di buon sangue*, como escribe el primer biógrafo de Leonardo? ¿O bien se trata de la hija

de un leñador llamado Boscaiolo di Cerreto Guido? En todo caso, la chica es casi con toda seguridad una pariente de la familia del padre de Leonardo.

Unos meses más tarde, Caterina se casa, pero no con Ser Piero, sino con uno de sus amigos, Antonio di Piero Buti del Vacca da Vinci (con una *d* minúscula). Trabaja en el horno de alfarero del convento de San Pedro mártir; más adelante el padre de Leonardo y su tío Francesco lo reconstruirán y se harán cargo de él. Antonio del Vacca tiene un apodo elocuente: el Accattabriga, es decir, «el pendenciero». Caterina se irá a vivir con él a Campo Zeppi, en la

parroquia vecina de San Pantaleo. Al cabo de poco más de un año del nacimiento de Leonardo, da a luz a una niña, Piera, y después a otros cuatro niños. El padre de Leonardo es Ser Piero Fruosimo di Antonio Da Vinci. Tiene veinticinco años y trabaja como notario, sobre todo en Pisa, pero también en Florencia. Unos meses después del nacimiento de Leonardo, se casa con una joven de dieciséis años, Albiera degli Amadori (de una rica familia florentina) que murió de parto en Florencia, en 1464. El año siguiente, Ser Piero vuelve a casarse con Francesca di ser Giuliano Lanfredini, que murió en 1473 sin tener hijos. El primer hermano de Leonardo, por parte de padre, Antonio, nace en 1477; su madre, Margherita di Francesco di Jacopo, que entonces tenía dieciocho años, será madre de otros cinco hijos.

Por fin, Ser Piero se casa en 1485 con Lucrecia di Guglielmo Cortigiani, con la que engendrará siete hijos. A los cincuenta y cinco años, Leonardo seguirá llamándola «querida y dulce madre».

Vinci: un nombre, un emblema

Los documentos que recogen los archivos muestran que Leonardo, a pesar de ser un hijo ilegítimo, siempre se llamó «di Ser Piero da Vinci», es decir, hijo de Piero; de este modo, a los veinte años, aparece inscrito como pintor de profesión en el registro de la Compagnia di San Luca. «Da Vinci» no significa que sea oriundo de ese pueblo: aunque hubiera nacido en Florencia, lo habrían llamado igual «Leonardo di Ser Piero Da Vinci». La familia de los Da Vinci se conoce en esa ciudad desde el siglo XIII. El bisabuelo de Leonardo, también llamado Ser Piero (pero «di ser Guido», es decir, hijo de Guido) da Vinci, se había forjado cierta fama como notario, canciller y embajador de la República florentina.

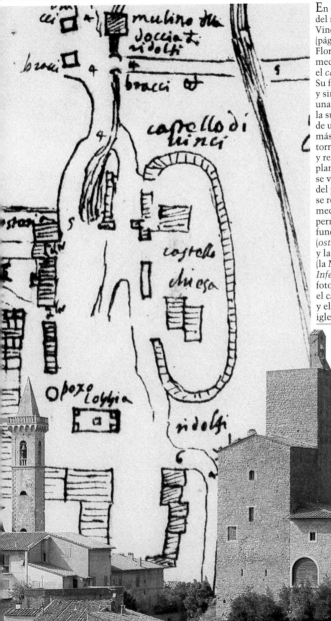

En el sello medieval del municipio de Vinci figura un castillo (página anterior). Florencia adquirió a mediados del siglo XIII el *castrum Vinci*. Su forma, funcional y simbólica, es la de una almendra, como la superestructura de un barco, cuyos mástiles serían las torres del poder militar y religioso. En este plano del siglo XVI se ve el mapa global del pueblo, en el que se reconoce el recinto medieval, el río que permite que el molino funcione, el hostal (*ostaria*), el pozo (*pozo*) y la Loggia del Comune (la Municipalidad). *Inferior*, sobre una fotografía actual, el castillo y su torre, y el campanario de la iglesia de Santa Croce.

Vinci es una comunidad rural, un territorio que fue etrusco y romano, entre el Montalbano y el valle del Arno, formado por el castillo medieval de los condes Guido, la iglesia de Santa Croce, un hospicio y casas. «Vinci es un castillo cuyo origen se remonta a la época de esos gigantes que, con sumo celo y arrogancia, se rebelaron contra el cielo, que acabó por castigarlos y condenarlos a una gran vergüenza.» Esta frase escrita en los antiguos estatutos del municipio recuerda a las fábulas de Leonardo, que eran pequeñas alegorías morales sobre el orgullo castigado, donde, con metáforas teatrales, mezcla sus conocimientos científicos con la sabiduría popular.

El nombre de Vinci proviene de los *vinchi*, esos juncos que crecen a orillas de los riachuelos que se entrecruzan en la Toscana, el Vincio. Este nombre, que evoca su tierra natal y su nombre, se convertirá en el emblema de Leonardo: se identificará con los nudos de *vinchi*, que dibuja en sus códices y en obras como *La dama del armiño* y *La Gioconda*.

Los nudos de *vinchi*, o juncos, se usan como elementos decorativos en seis grabados de Leonardo (*superior*), así como en el emblema de su *Achademia*.

Erudición y cultura campesina

Durante la infancia de Leonardo, la experiencia práctica prevalece sobre la formación teórica: sin duda vive en el seno de la familia de un notario,

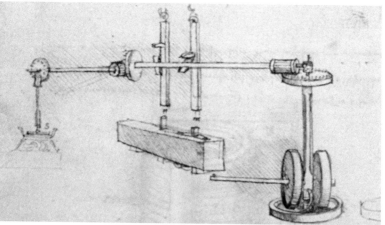

pero está en contacto directo con la cultura campesina, un mundo rural donde se produce vino, aceite, harina... El abuelo Antonio posee tierras que cultiva él mismo; su tío preferido, Francesco, adquirirá un molino, y su hermano Giovanni se convertirá en «hostalero y carnicero». El futuro artista de los sistemas mecánicos observa la tierra que pisan sus pies y las «ínfimas partículas de rocío» para intentar comprender la naturaleza del universo.

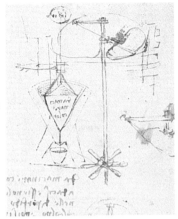

La *sinistra mano*

«Vinci tenía la costumbre de escribir con la mano izquierda, como hacían

los judíos...» Desde su más tierna edad, Leonardo escribe espontáneamente en espejo: usa la mano izquierda, empieza las líneas por la derecha, como hacían las civilizaciones más antiguas y como todavía hacen los árabes. A menudo, en sus cuadernos, llena primero la página de la derecha y después la de la izquierda. No hay en ello ninguna intención de ocultación, en absoluto es un «escritor del diablo», sino que se trata simplemente de un defecto de percepción bastante frecuente que no le corrigieron de niño, lo que pone de manifiesto la libertad que se le dio de pequeño, pero también los límites de su instrucción literaria: sigue siendo un hijo ilegítimo y no tiene acceso a la carrera de letras.

Leonardo practica también la caligrafía «normal», sin duda con menos facilidad, y sobre todo en casos

Con una intuición extraordinaria, Leonardo dibuja «robots» trituradores (página anterior, *inferior*), layas y alambiques, molinos de agua, turbinas, arados «para avanzar en línea recta una distancia larga» y «sin bueyes», sistemas para moler el grano o los colores del pintor (*superior*). Interrumpe sus notas de geometría con estas palabras escritas en espejo (*inferior*): «Etc., porque la sopa se enfría».

particulares que exigen claridad, como en algunos mapas topográficos o cuando relata la muerte de su padre. También dibuja con ambas manos. ¿Es posible que esta aptitud, junto con todas sus implicaciones sensoriales y perceptivas, contribuyera a desarrollar sus dones visuales y gráficos y sus talentos como dibujante? Los grafólogos interpretan su escritura como un fuerte «deseo de poder», aunque debemos recordar que Leonardo encarga a otros caligrafiar sus misivas oficiales y sus cartas de presentación.

Notarios y ceramistas

La abuela, Lucia di Ser Piero di Zoso, que fue como una madre para Leonardo, tuvo quizás un papel determinante en los primeros contactos del niño con la práctica artística. Procede de una familia de notarios, pero también de ceramistas, poseedora de un patrimonio que incluye casas, terrenos y un horno en el que se cocía todo tipo de cerámica, sobre todo mayólicas pintadas en Toia di Bacchereto, uno de los centros de producción de cerámica artística más

Los cubos hexagonales encontrados en los almacenes del Iparmüveszeti Muzeum de Budapest (*superior*, una reconstrucción) son una aplicación de motivos geométricos con efecto óptico dibujados por Leonardo (y conservados en Oxford).

famosos y activos entre el siglo XIV y XV, situado en el municipio de Carmignano, muy cerca de Vinci. Numerosos documentos demuestran que Leonardo conocía el arte de la cerámica y que lo practicaba. Es evidente que de niño iba a Bacchereto donde frecuentaba al menos el horno familiar del que Ser Piero, su padre, se convertiría en propietario. Recientemente se han encontrado esculturas de barro cocido, mayólicas con motivos de nudos o también cubos de cerámica hexagonales que recuerdan a los dibujos de Leonardo.

En el corazón de la Toscana, en pleno Renacimiento

Vinci no es un pueblo aislado ni primitivo o perdido. Desde Orbignano (donde la familia de Leonardo poseía ya en 1451 una casa con terrenos) hasta Sant'Ansano (la parroquia a la que pertenecía Vinci), las iglesias rebosan de obras de arte. En Vinci, en la Santa Croce, una Magdalena de 1455 demuestra un conocimiento evidente de las esculturas de Donatello y los Bicci.

En este mapa de 1503, Leonardo dibujó (y anotó en escritura normal) los lugares de sus orígenes, Vinci, Sant'Ansano, Vitolini, Collegonzi, Pontorme, Montelupo... Una tierra rica en el ámbito artístico: en Vinci había una Magdalena (página anterior), en Pistoia, un *Profeta* (*inferior*), de Giovanni Pisano, dos obras que preceden a los «movimientos de alma» de Leonardo.

La influencia de Donatello (*izquierda*) y de los talleres de Florencia (Mino da Fiesole) (*superior*) se nota en estos bajorrelieves de madonas.

El pueblo de Leonardo mantiene estrechas relaciones religiosas, culturales y comerciales con la ciudad vecina de Pistoia, uno de los grandes núcleos artísticos de la región. Allí, en los bajorrelieves de los hermanos Pisano, Leonardo estudió las fisonomías, *i motti dell'animo*, «los movimientos del alma», los gestos de las manos e incluso los dedos que señalan... O también pudo descubrir en los frescos de la capilla del Tau los remolinos del *Diluvio*. Asimismo, en Pistoia, entre 1452 y 1469, el arquitecto Michelozzo, autor del Banco de los Medici en Milán, construyó Santa Maria delle Grazie, precisamente donde vive Violante, la hermana de Ser Piero, y tía de Leonardo.

Todavía más cerca está Empoli, ciudad en pleno apogeo artístico, tal y como demuestran las pinturas de Starnina, de Agnolo Gaddi, de Lorenzo Monaco y de Masolino, las esculturas de Tino da Camaino y Bernardo Rossellino, y también la Virgen atribuida a Mino de Fiesole, que puede fecharse en 1465. Ese año, Leonardo quizá se inicia en la práctica artística.

El inicio del arte

Leonardo está censado como residente en el pueblo de Vinci hasta 1468. Es su lugar de residencia más habitual, pero no el único: sobre todo en Florencia, Ser Piero ejerce su profesión para las familias más influyentes, de los Medici a los Bentivoglio de Bolonia, y redacta actas concernientes a prestigiosas obras de arte.

¿Cuándo se consagra Leonardo al arte? ¿Sólo a partir de 1469, en Florencia, cuando entra, según afirma la tradición, en el taller de Verrocchio? Cuesta creerlo: los aprendices entran jóvenes en los talleres... Y es evidente que Leonardo es un genio precoz. En su persona, se revela una profunda brecha entre el tiempo del aprendizaje artístico y el de los conocimientos literarios y científicos.

En el territorio del municipio de Vinci, donde había dieciséis iglesias de origen romano, Leonardo puede familiarizarse de niño con las obras de arte de otros siglos y de su tiempo. Este paisaje idealizado de la Valdinievole y del Padule di Fucecchio (vistos desde el Montalbano) es el primer dibujo autógrafo de Leonardo. Lleva la fecha del 5 de agosto de 1473, la fiesta de santa María de las Nieves, que se celebraba en varios pueblos de la región.

Ser Piero «cogió un día algunos de los dibujos [de Leonardo] y se los llevó a su amigo Andrea del Verrocchio [...]. Andrea se quedó maravillado ante unos inicios tan prometedores». Vasari explica con estas palabras cómo entró Leonardo en el taller de Verrocchio donde, «lejos de limitarse a la práctica de una materia, se aplicó a todas las actividades que tienen que ver con la disciplina del dibujo», aunque «su vocación fue la pintura».

CAPÍTULO 2

EN LA FLORENCIA DE LOS MEDICI

La adoración de los Magos (*izquierda, un detalle central*) es la obra que mejor expresa la investigación de Leonardo durante su primer período florentino. *El niño con el delfín* (*derecha*), con su maravillosa sonrisa y su dinámica en espiral, está considerada como una de las obras maestras de Verrocchio. Accionado originalmente mediante un movimiento hidráulico, también se atribuyó a Leonardo.

A pesar de los detalles inexactos destinados a alimentar el mito de Leonardo, el testimonio que aporta Giorgio Vasari en *Las vidas de los más excelentes pintores, escultores y arquitectos* (1550 y 1568) sigue siendo creíble a grandes rasgos. Vasari escribe que Ser Piero habría podido ayudar con gran provecho al joven Leonardo, que «habría llegado muy lejos en el saber y la profundización de la cultura», pero que este último, «caprichoso e inestable», apenas se habría aplicado a esos estudios y tampoco demasiado a los de cálculo. Prefería la música, pero sobre todo «nunca descuidaba la práctica de la pintura y la escultura», antes incluso de su encuentro con Verrocchio. Todo esto confirma la hipótesis según la cual Leonardo tenía ya entonces un cierto conocimiento del «arte del dibujo».

En el taller de Verrocchio

Andrea del Verrocchio (probablemente 1436-1488) es un artista completo, «orfebre, maestro de la perspectiva, escultor, grabador, pintor y músico», pero también maestro de obra y jefe de empresa: firma contratos de encargos importantes que después realiza con colaboradores o que simplemente hace ejecutar a sus aprendices. En su taller, casi legendario, trabajan a finales de la década de 1460 y en la de 1470, Botticelli, Perugino, Domenico Ghirlandaio y Lorenzo di Credi, junto con artistas considerados «menores» por su calidad, a pesar de ser figuras como Cosimo Rosselli y Franceso Botticini. Los artistas del taller colaboran en la creación de obras en las que se puede descubrir la participación de Leonardo, y que a veces se le atribuirán parcial o completamente.

El pago siempre se hace a nombre de Verrocchio. Así ocurrió en el caso de la *Madonna di Piazza* de la catedral de Pistoia, pintada por el maestro entre 1475 y 1485 en

Se ha creído adivinar la intervención del joven Leonardo, e incluso su retrato, en el *David* de bronce de Verrocchio (*inferior*), así como en otras figuras semejantes, con la gracia y la belleza ideales. La autoría de la pequeña parte inferior del cuadro de *La Anunciación* (*extremo inferior* y página siguiente) se atribuyó a Leonardo, pero resulta más creíble considerarla obra de Lorenzo di Credi.

colaboración con Lorenzo di Credi y sobre cuya posición es posible que Leonardo hiciera alguna sugerencia y que, incluso, pintara algunos detalles, como sucedía con la controvertida parte inferior de *La Anunciación* del Louvre. Leonardo, que todavía no ha cumplido veinte años, suscita la admiración, igual que el Perugino, de un testigo de excepción: Giovanni Santi, el padre de Rafael, que, en su *Cronaca Rimata*, celebra el papel de Verrocchio en la formación de sus alumnos.

En estas dos madonas vuelve a plantearse la cuestión de la intervención de Leonardo. ¿Es posible que en el caso de la *Madona Dreyfus* (*superior izquierda*), de factura desigual, el paisaje y la figura de la Virgen sean obra de Leonardo? En Dresde hay un dibujo de su drapeado atribuido a Lorenzo di Credi, aunque se desconoce si se trata de un estudio de una copia a partir de un modelo. La *Madona del clavel* (*superior*) se relacionó con obras de Verrocchio de Lorenzo di Credi, pero la finura de la ejecución, el drapeado y las variaciones cromáticas del paisaje confirman la autoría de Leonardo.

En Florencia, Leonardo se encuentra en el corazón de un humanismo refinado, en un extraordinario crisol donde la tradición toscana se enriquece gracias a las nuevas relaciones con las culturas del norte y de Oriente. Elige las referencias ideales entre pintores con expresión intensa y concepciones revolucionarias como Giotto y Masaccio.

Por el contrario, es muy crítico con su amigo Botticelli, en particular con sus paisajes, concebidos en términos de «breve y simple investigación», y con la superficialidad de quien se contenta con la huella de una esponja en la pared: «¡Dibuja unos paisajes muy tristes!». Sin embargo, en un pasaje memorable de su *Tratado de la pintura*, Leonardo habla con entusiasmo de la observación de las manchas en las paredes, que estimulan su imaginación, «porque en las cosas indefinidas el espíritu se despierta a nuevas invenciones», siempre y cuando se sepa «hacer todas las partes de las cosas que se quieran representar»: aunque esta declaración demuestra, al menos en apariencia, una gran modernidad y audacia, también es una llamada a la primacía del oficio y al ejercicio de la *téchne*.

En el *Paisaje* de 1473 (*superior izquierda,* un detalle de la parte izquierda del dibujo), un fuerte dinamismo anima los volúmenes y el espacio, así como las brumas y las sombras. El trazo representa, a la vez que transcribe, el proceso mental de una investigación artística y científica, poética y cósmica, que se esfuerza por penetrar en el mundo de los fenómenos.

1473: el primer paisaje

La primera obra que constituye un punto de referencia preciso en la obra de juventud de Leonardo es el *Paisaje del valle del Arno*, un dibujo que lleva la indicación autográfica del día en el que se realizó: el 5 de agosto de 1473. Fue calificado como «el primer paisaje verdadero [de la historia] del arte». En realidad, el sienés Ambrogio Lorenzetti había pintado ciento cincuenta años antes dos paisajes sobre tablas de madera y era un tema tratado habitualmente en el arte del Extremo Oriente. No obstante, esta visión de su región natal está relacionada con otro registro. Leonardo la define como el arquetipo más natural e instintivo, y en ella incluye la perspectiva de un castillo (quizás Marciano), los efectos visuales de los campos de Fucecchio, la silueta en el horizonte del cono volcánico de Monsummano... El recuerdo de las barcas parece escapar a su pluma, no le interesa la descripción de las formas ni de los caracteres de los árboles, sino que busca más bien captar la esencia de los fenómenos perceptivos y conceptuales.

Leonardo expresa una nueva sensibilidad ante los valores de la luz, que hace vibrar por los juegos de los rayados, lo que da al paisaje densidad y transparencia. Al anotar el día exacto y el acontecimiento que celebra, Leonardo sugiere la idea de una nevada en el mes de agosto como

La concepción de Leonardo según la cual los elementos y la luz son los verdaderos protagonistas de la obras revela una gran originalidad y un conocimiento que se anticipan a numerosas teorías del *Tratado de la pintura*, que elaboraría más de veinticinco años después. Así, para Leonardo, el aire posee un grosor y un color, nunca es completamente transparente. El agua, «vehículo de la naturaleza», crea continuas metamorfosis. El *Paisaje* de 1473 presenta muchas semejanzas con los detalles de una *Madona* atribuida a Perugino (*izquierda* e *inferior*).

un fenómeno natural y extraordinario,
síntesis de dos extremos del ciclo
atmosférico.

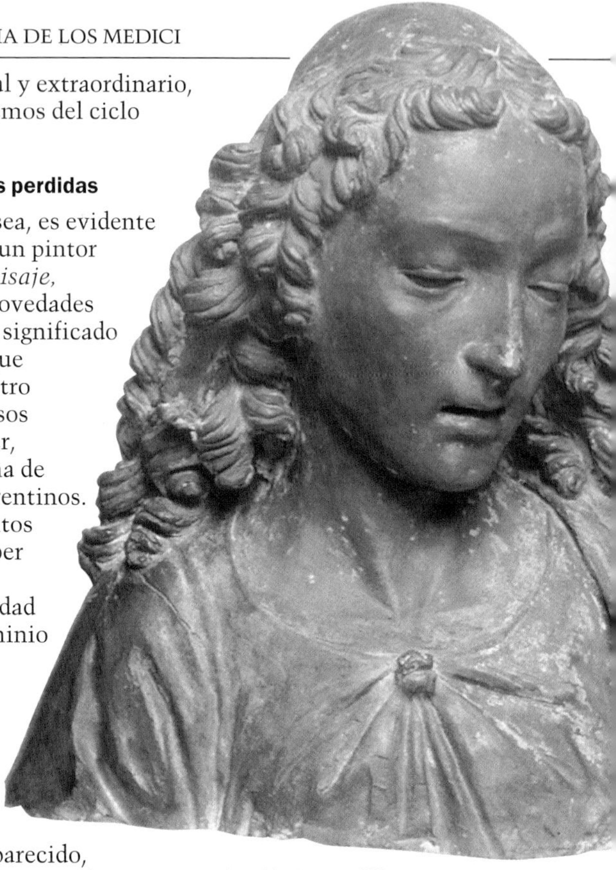

En busca de las obras perdidas

Por muy joven que sea, es evidente
que Leonardo no es un pintor
de oficio. En este *Paisaje,*
introduce grandes novedades
en la técnica y en el significado
del dibujo, con las que
sobrepasa a su maestro
y a sus muy talentosos
compañeros de taller,
y se eleva por encima de
muchos artistas florentinos.

Ahora bien, ¿cuántos
dibujos debía de haber
realizado antes de
alcanzar esta capacidad
de síntesis y un dominio
tan grande? Se han
dedicado muchas
exposiciones al
«Leonardo perdido
y encontrado»...
De bastantes de
sus cuadros, cuyos
originales han desaparecido,
todo lo que conocemos son documentos detallados,
estudios preparatorios, copias y obras inspiradas
en ellos. Con regularidad se anuncian interesantes
descubrimientos. Pero ¿se podrá encontrar alguna
vez el rastro del *Adán y Eva* que dibujó para
una tapicería destinada al rey de Portugal?

Probablemente, el ámbito de la escultura nos
reserve todavía grandes sorpresas. Al carecer
de una obra de referencia segura y, por tanto, de la
posibilidad de realizar comparaciones estilísticas,
las fuentes que hablan del joven Leonardo escultor
siguen planteando muchas preguntas. Las obras,
que van desde condotieros a madonas, pasando
por risueños *putti*, siguen siendo difíciles de

Hay varias hipótesis
sobre la autoría
de este notable *Cristo
niño* (*superior*): ¿será
de Verrocchio y de su
taller? ¿La realizaría
Leonardo en el taller
de Verrocchio? ¿O será
una obra de Leonardo
de la misma época
en la que pintó
La Última Cena?

atribuir y clasificar, y en numerosas ocasiones se han añadido a obras maestras de Verrocchio, como *La dama del ramo*.

Un bestiario fantástico

Entre las evocaciones de obras de juventud perdidas, la del *Dragón*, ese «pequeño monstruo horrible, espantoso, de aliento envenenado que inflamaba el aire de a su alrededor», que Leonardo pintó en una rodela de madera de higuera para satisfacer la petición que un paisano de Vinci había hecho a su padre, adentra a Leonardo en la dimensión de un arte de lo maravilloso y lo imaginario: para crear el «monstruo», combina elementos diversos de un bestiario según criterios racionales, «científicos». Estudia la manera de presentarlos en una atmósfera teatral, con un cierto condicionamiento psicológico, y teoriza estos recursos con artificios surrealistas.

Un bajorrelieve que representa a Escipión (*inferior izquierda*) muestra en los detalles de su armadura puntos comunes con un dibujo de guerrero hecho por Leonardo (*inferior*). Aunque tradicionalmente se atribuye a Verrocchio, a Della Robbia o a Francesco di Simone, a veces se cita como obra de Leonardo.

Las telas «habitadas»

En los talleres florentinos
del Renacimiento se practica
ampliamente el estudio del modelo,
en particular de las telas, y con los
manieristas alcanzará un apogeo
extraordinario. Leonardo se aplica
con gran determinación, y, muy
lejos del ejercicio académico,
subraya la fuerza de la abstracción
y el poder de la «verdad» en una serie de esbozos
monocromáticos con pincel sobre una tela preparada
en gris, cuyo virtuosismo se grangeó la admiración
de Vasari.

Las telas
monocromáticas
de Leonardo
(*superior*) recuerdan
a la escultura de
Verrocchio (*superior
izquierda*, detalle de
*La incredulidad
de santo Tomás*).

La cuarta parte del *Tratado de la pintura* se titula
«Telas que revisten las figuras y sus pliegues». Se
dice que «debe parecer que la tela no está habitada».
Encontramos el eco de estos estudios en sus obras
de madurez, así como en las pinturas y dibujos de
juventud que lleva a cabo en el taller de Verrocchio,
donde también confecciona moldes anatómicos.
En esta época, Leonardo no sólo se interesa por la
pintura y otras prácticas artísticas, sino también
en cuestiones tecnológicas.

»»[Leonardo] estudiaba
mucho la naturaleza
y en ocasiones
fabricaba modelos
con barro, que
tapaba con telas
húmedas, bajorrelieves
que después pintaba
con paciencia
sobre telas muy
finas, obtenía efectos
maravillosos.»»
(Vasari)

Pintor e ingeniero

En una nota que escribe en Roma, mientras estudia
cómo realizar soldaduras con espejos parabólicos,
Leonardo recuerda a menudo cómo, cuarenta

y cinco años antes, «había realizado la soldadura» de la enorme esfera de cobre en la linterna de la cúpula de Santa Maria del Fiore, en Florencia, que le habían encargado a Verrocchio en 1468 y que se instaló el 27 y el 28 de mayo de 1472. Entonces, realizó numerosos dibujos de las máquinas que Brunelleschi había concebido para construir la catedral. Esta nota refuerza la hipótesis según la cual Leonardo conocía tanto los diversos sistemas que inventó Brunelleschi como sus maquinarias para los decorados de teatro o el «carro que vuela sobre el agua» que había patentado y que servía para transportar el mármol hasta Florencia por vía fluvial, pero que encalló en el Arno, cerca de Empoli.

Leonardo sigue los últimos trabajos de la cúpula de Brunelleschi. Con total seguridad, conocía su obra que le influyó considerablemente, sobre todo el proyecto que tenía como objetivo desviar los ríos para inundar Lucca durante la guerra contra los florentinos en 1428. Las dos imágenes inferiores muestran los andamios de la linterna en dos épocas diferentes (*izquierda*), h. 1471, en el momento de su primera instalación; en 1601, durante una restauración después de haber sufrido la caída de un rayo (*inferior*).

Para elevar el baptisterio de Florencia

La cúpula constituye el nuevo punto de convergencia geométrica del espacio urbano y sociopolítico de Florencia, y el baptisterio que está ante ella se considera un modelo de perfección. Brunelleschi, que lo había dibujado en uno de sus planos en perspectiva, concibió su equivalente para el Renacimiento, la iglesia con forma de rotonda, Santa Maria degli Angeli, inacabada, que inspirará a Leonardo. Vasari recuerda que, entre las maquetas y dibujos arquitectónicos de la juventud de Leonardo (todos perdidos), figuraba el proyecto de

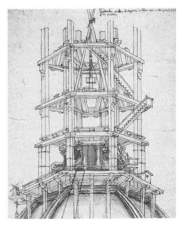

elevación del baptisterio sobre una base poligonal, para sacar la perspectiva: «Había uno en el que sometía a la ingeniosidad de los ciudadanos que gobernaban entonces Florencia el medio de levantar el baptisterio de San Juan y de elevarlo sobre una plataforma con escalones sin resquebrajarlo. Era tan convincente que conseguía que la empresa pareciera factible, aunque todos, al volver a casa, se daban cuenta de que el proyecto no era viable».

El carismático poder de persuasión atribuido a Leonardo es incontestable, pero expresa sus «razones» sobre todo mediante el poder visual del diseño. Ya en 1455, en Bolonia, Aristotele Fioravanti había demostrado que esos proyectos no eran imposibles de llevar a cabo cuando desplazó trece metros el campanario de Santa Maria del Tempio.

El proyecto de elevación del baptisterio de Florencia, según Leonardo.

Dos obras maestras para comprender la manera de trabajar de Leonardo

La *Anunciación* y el *Bautismo de Cristo*, realizados en el taller de Verrocchio en colaboración con otros de sus alumnos, son dos obras fundamentales en la formación de Leonardo. Estas dos obras maestras de la pintura del Quattrocento son imprescindibles para comprender el proceso artístico en los talleres, desde el proyecto iconográfico y el dibujo preliminar a los primeros toques pictóricos y a las intervenciones «especializadas» de los diversos pintores, con arrepentimientos y variantes.

Leonardo es uno de los primeros en pintar al óleo, en lugar de hacerlo al temple y, cuando interviene en un cuadro iniciado por otro, se pueden detectar importantes discontinuidades. Una obra como *La Anunciación* revela los límites

En *La Anunciación* (*inferior*) se pueden distinguir los diversos niveles de calidad de cada uno de los componentes de la obra. Los gestos expresivos o el vigor plástico de las telas de los dos protagonistas contrastan con ciertos detalles discordantes (como el error de perspectiva del brazo derecho); o también las «alas de rapaz» del ángel, el libro y las velas de la Virgen, el prado florido semejante a un bordado, cuyo estilo se puede relacionar con el de las esculturas del atril, la rigidez de los elementos arquitectónicos, el recorte de los árboles a contraluz y el paisaje estructurado en tres partes. Todo esto crea una escenografía con una profundidad y una amplitud espacial extraordinarias, donde el umbral del *hortus conclusus* separa el acontecimiento místico del contexto del «mundo». En segundo plano, el paisaje portuario introduce nuevas notas discordantes: arquitecturas improbables encajan con dificultad con las siluetas de navíos que recuerdan a algunos diseños estenográficos de Leonardo. A pesar de su falta de homogeneidad, el conjunto del cuadro es de una belleza fulgurante.

y las ambiciones del joven y asocia de manera innovadora las experiencias más diversas. El papel de Leonardo fue determinante en esta composición extraordinaria, pintada con la colaboración de diversos artistas cuyos elementos no se integran en un organismo único de «cuadro-máquina».

La Anunciación entra en los Uffizi en 1867, cuando se atribuyó a Domenico Ghirlandaio. El dibujo preliminar y la primera versión no son por completo de Leonardo, sino que también se puede distinguir la mano de otros alumnos de Verrocchio. La arquitectura de la derecha, obra de un celoso colaborador, contrasta claramente con la intervención probablemente autógrafa de Leonardo de la cabeza del ángel y la de la Virgen, las ropas y el paisaje.

El *Bautismo de Cristo*, realizado entre los años 1471 y 1476, se menciona en 1515 como obra de Verrocchio

La atribución de *La Anunciación* a Leonardo se confirma por la presencia de estudios preliminares de algunos detalles, como el brazo del ángel (*inferior*), y mediante exámenes radiográficos y espectrográficos: en la cabeza del ángel se puede observar un titubeo en el perfil, los cabellos con los remolinos característicos y la cabeza de María, cuya primera versión se borra con un repinte (*izquierda*).

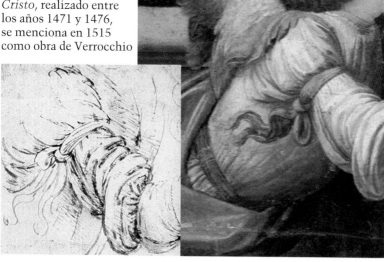

La forma de la base del atril delante del cual se sienta la Virgen de *La Anunciación* (*izquierda*) presenta semejanzas con el sepulcro de Piero de Medici (*superior*) en San Lorenzo, terminado por Verrocchio en 1472, y con la tumba de Marsuppini, de Desiderio da Settignano, en Santa Croce.

en la iglesia de San Salvi de Florence, y es un buen ejemplo de la producción del taller. A partir de 1510, la tradición atribuye el ángel de la izquierda a Leonardo: Vasari cuenta que ante la superioridad de su alumno, el Verrocchio, «humillado al ver que un niño sabía más que él, no quiso volver a tocar un pincel». La mano de Leonardo se reconoce también en el paisaje (que puede relacionarse con el dibujo autógrafo, fechado el 5 de agosto de 1473, y con las obras de Pollaiuolo), así como en otros detalles.

Por otro lado, la participación de al menos un hábil colaborador que realizara las figuras y, otro, más modesto, que pintara los segundos planos es evidente. Se pueden observar enormes diferencias entre las cabezas de los dos ángeles y las manos del de la derecha, así como un contraste sorprendente entre la rigidez de los relieves rocosos y la fluidez de las aguas y de los terrenos, que recuerda a una fantasía geológica que, junto con el simbolismo del agua, pretende ser una síntesis cósmica.

En el *Bautismo de Cristo* de Verrocchio (*izquierda*), Leonardo opta por soluciones pictóricas magistrales, como la posición del ángel, que está de espaldas, pero orientado hacia el centro de la escena por un movimiento de torsión. A la anatomía fuertemente marcada de San Juan Bautista se opone la del Cristo, de una extraordinaria afinación. Merecen también mención el vigor escultórico de los drapeados y el sublime paisaje de efecto «vertiginoso», que se inserta de manera imperfecta en la escena.

Un retrato emblemático

El único retrato pintado por Leonardo
durante su primer período florentino
es el de Ginevra Benci, identificado
por fuentes históricas y gracias a la
fuerte presencia simbólica del enebro,
que continúa en el reverso del cuadro.
Una relación de estrecha amistad
unía a Leonardo y a la familia de los
Benci, que se habían distinguido en
la dirección del banco de los Medici.

En este retrato, las técnicas, los
estilos y las diversas concepciones
se funden con armonía: el temple se
mezcla con el óleo, la sobriedad y la inmovilidad
se unen en la búsqueda de verosimilitud de
la representada, el dinamismo y hasta el toque
abstracto del peinado con brillos metálicos juega

Los poetas elogian a
Ginevra Benci (*inferior
izquierda*) por su «raro
pudor» y su sonrisa,
aquí ausente de su
rostro fijo, no idealizada
sino captada al «natural».
Una luminiscencia
diáfana y algunos
toques hechos con los
dedos nos permiten
sentir la epidermis
de la pintura, igual
que el velo abotonado
sobre los hombros
de la escultura de
la *Dama del ramo*
de Verrocchio
(*centro*). En el reverso,
el emblema (*superior*)
rinde homenaje a
la «belleza como
adorno de la virtud».
El ramo de enebro
aparece junto a
una rama de laurel
y una palma, símbolos
heráldicos que
proceden a la vez
de la observación
naturalista y de una
alegoría que expresa
el homenaje del pintor
al cliente, al mismo
tiempo que su
programa estético.

con el paisaje de siluetas oscuras o evanescentes. Por todas estas singulares cualidades, esta obra se atribuye por unanimidad a Leonardo.

Proceso por sodomía

A partir de 1472, Leonardo perteneció, como pintor profesional independiente, a la Compagnia di San Luca, a la vez que siguió participando en obras del taller de Verrocchio a lo largo de los años siguientes. Dos documentos de 1476, atestiguan que «Leonardo

El nombre de «Lionardo» en la Compañía de los pintores (primera línea, *inferior*) y en los archivos del proceso (segunda línea). *Acercamiento amoroso*, una escena de seducción (*extremo inferior*). Dos perfiles de una hoja con otros dibujos (página siguiente, *inferior*).

✠ LIONARDO · DS PIERO · DA VINCI · DIPINTORE

Leonardo disspuro Fimmo pa conedia dluctrosho

de Ser Piero da Vinci [estaba] con Andrea del Verrocchio». (*Leonardo de Ser Piero da Vinci manet cum Andrea del Verrocchio.*) Se trata de las actas de un proceso por sodomía contra un joven de diecisiete años en el que se vieron involucrados Leonardo, un orfebre, un sastre de jubones y otro «Lionardo», que pertenece a la prestigiosa familia de los Tornabuoni, comanditarios de Verrocchio. Aunque finalmente Leonardo quedará absuelto, este documento plantea diversas preguntas: ¿Leonardo se limitaba a trabajar con Verrocchio o también vivían juntos? ¿Lo hacían en Via dell'Agnolo? ¿Es posible que esta acusación, detallada pero anónima, constituya una prueba de su homosexualidad?

El mismo año en que nació Leonardo, Andrea del Verrocchio fue acusado en un juicio de lapidar a un obrero del arte de la lana, pero eso no le impedirá convertirse en uno de los artistas favoritos de las familias florentinas más poderosas. Asimismo, tampoco era el único artista con esa reputación: según informa Vasari, Perugino, que se parecía a Leonardo «por su edad y sus amores», «habría aceptado cualquier acuerdo deshonesto por dinero». También sabemos que en 1479 un «Paulo de Leonardo de Vinci da Fiorenze» fue desterrado por «mala conducta»: Giovanni

Bentivoglio, señor de Bolonia, escribe a Lorenzo de
Medici que el joven, tras seis meses de prisión,
destaca en el arte de la marquetería.

Estas coincidencias y las numerosas anotaciones
de Leonardo (observaciones anatómicas con
frases burlescas) permiten que se planteen las
suposiciones más contradictorias. Ahora bien,
¿de verdad es posible sacar conclusiones serias
a partir de elementos tan dispares como algunos
fragmentos extraídos de miles de hojas manuscritas
o hurgando en la intimidad de las notas de carácter
privado, que a menudo Leonardo transcribe
como simples citas de diversas fuentes?

1478: proyectos y coincidencias

El año 1478 es esencial en la vida y la obra
de Leonardo. Recibe su primer encargo público;
sigue las peripecias de la conjura de los Pazzi,
durante la cual murió Giuliano de Medici,
hermano de Lorenzo el Magnífico, para quien
trabaja en el jardín de San Marco; además,

«El unicornio, por
su intemperancia y
por no saber refrenar su
amor por las jovencitas,
se duerme en [su]
regazo, y los cazadores
consiguen atraparlo.»
Así «explica» Leonardo
la alegoría (*superior*),
que puede datar
de 1478.

probablemente, ese mismo año conoció a quien sería su mecenas en Milán, Ludovico Sforza, que, de su exilio en Pisa, parte a Florencia para rendir homenaje al Magnífico.

También en 1478, Leonardo concibe el proyecto de «dos madonas», cuyos elementos se entremezclan en un mismo cuaderno, con dibujos de máquinas militares, de obras y de otros sistemas mecánicos, respetando dos perfiles, uno clasicizante y el otro relacionado con sus estudios para una *Adoración*.

De nuevo el mismo año, en Pistoia, se retoman los trabajos de construcción del gran retablo de la Madonna di Piazza, y Verrocchio se lleva, contra el proyecto de Piero del Pollaiuolo, el concurso para realizar el cenotafio del obispo Forteguerri. El 10 de enero, Leonardo obtiene el encargo del retablo de la capilla de San Bernardo en el Palacio de la Señoría de Florencia, de nuevo también a expensas de Pollaiuolo, a quien se le había confiado el 24 de diciembre de 1477.

Como en el caso de otros encargos, se pensó que Leonardo lo obtuvo gracias a la protección de su padre,

En el retablo de Filipino Lippi para la capilla de San Bernardo (*superior izquierda*), la posición dinámica del niño recuerda al estilo de Leonardo: los dos ángeles evocan algunos de sus dibujos (*superior* y página siguiente *superior*), y, a su vez, también están relacionados con el motivo del bajorrelieve de Verrocchio para la tumba de Forteguerri en Pistoia (página siguiente, *inferior*).

Ser Piero, notario de la Señoría, pero no cabe ninguna duda de que Leonardo mantiene él mismo estrechas relaciones con importantes familias florentinas. Empieza esta obra, pero pronto la abandona: después

A partir de 1478, los estudios para las Adoraciones y las Madonas se multiplican en una serie de soluciones que renovarán la iconografía en el sentido de una concepción más humana, pero también «mental» de la pintura. Leonardo muestra aquí que parte experimentalmente «de la naturaleza» y no de la iconología tradicional, que se basa en la observación directa de la realidad, de las escenas de la vida que traduce en un repertorio inédito con la gracia y la inmediatez de un trazo completamente libre, con un placer casi afectuoso y espontáneo.

de su partida a Milán, se confiará, sin éxito, a Domenico Ghirlandaio, y finalmente, en 1485, la acabará Filipino Lippi, «sobre el dibujo» de Leonardo.

En realidad, no tenemos informaciones ciertas respecto al proyecto que había concebido para el retablo de San Bernardo. Se sabe, no obstante, que durante este período, consagra numerosos estudios a una *Natividad* y a una *Adoración*, y estudia variaciones en serie sobre el tema de *La Virgen con el Niño*, con lo que pasa definitivamente de la pintura de taller a una investigación radicalmente nueva y personal, basada en una exploración de la «verdad».

La *Virgen con el Niño y flores* (*izquierda*) es una composición de refinado intimismo y transmite una gran ternura. Se pueden observar las variaciones sutiles de la luz, el dinamismo de los ropajes ondulantes, las diagonales en rotación, los puntos focales que se entrecruzan en un espacio en tres dimensiones.

El dibujo cinemático

La idea del dibujo «fílmico» de 360° es una constante en las investigaciones de Leonardo sobre la representación en tres dimensiones y las variaciones de la expresión. La mirada gira alrededor de las cosas, se eleva por encima de ellas o se acerca, conoce todos sus reversos, evoluciona a través de una sucesión de instantáneas. Se han conservado hojas repletas de dibujos de juventud, trazados con un placer y un frenesí evidente: estudios de manos, del busto femenino o de miembros de niños, dibujados desde diferentes ángulos y en las actitudes más diversas, que probablemente estén relacionados con las Vírgenes y a las Adoraciones. A continuación, encontramos estudios de caballos o de anatomía, de arquitectura o de mecánica; Leonardo los desarrollará en el repertorio de gestos que usa en *La Última Cena* o *Leda*, que empieza arrodillada y se va poniendo en pie, progresivamente, al lado del cisne.

Algunos dibujos de Leonardo presentan a un mismo personaje en diversas posiciones, sobre todo frontal,

El traslado a tela de la *Virgen con el Niño y flores* alteró la cantidad de ciertos detalles y sobre todo de rostros. Aunque la obra se atribuyó durante un tiempo a Verrocchio, e incluso a Lorenzo di Credi, la autoría de Leonardo se reconoce por el frescor expresivo de la escena, por la viva animación de la composición, por las relaciones entre espacio y luz, por el vigor de los ropajes, el juego de manos y el equilibrio del cuerpo.

Cuando en 1478 Leonardo menciona dos «vírgenes María», probablemente se refiera, entre los cuadros que conocemos, a la *Virgen con el Niño y flores* y quizás también a la *Virgen del gato*, cuyos numerosos estudios se ha conservado (dibujos de la página anterior) en Londres, Bayona, Florencia y París. Una escena de juego familiar inspira esta representación sagrada en la que incluso los elementos de la naturaleza se convierten en símbolos. *Izquierda*, una serie de estudios de manos para Anunciaciones y Adoraciones.

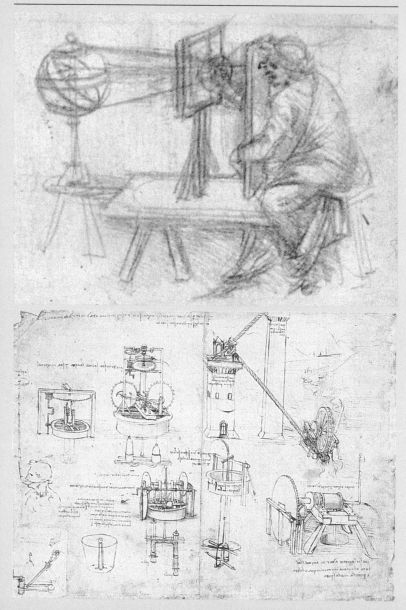

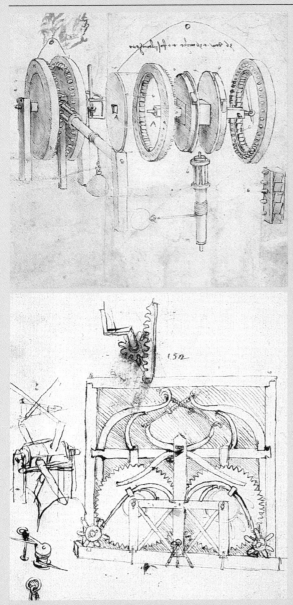

Los dibujos más
antiguos de Leonardo
pueden datar a partir
de 1475, y confirman
que no se consagra
sólo a la pintura, sino
también a los estudios
técnicos. Así, podemos
ver un perspectógrafo
(página anterior,
superior), sistemas
hidráulicos y para la
respiración submarina
(página anterior,
inferior), un proyector
(*superior*), un carro
automotor, que se ha
hecho famoso con el
nombre de «automóvil
de Leonardo» (*inferior
izquierda*). Leonardo
interpreta la herencia
medieval y la de los
ingenieros toscanos
de principios del
Quattrocento.
Tiende a representar
mecanismos cada vez
más complejos,
verdadera maquinaria
a partir de sistemas
simples y tradicionales:
torno, polea, palanca,
cuña, tornillo. Estudia
las variaciones y
las descompone
(*superior izquierda*)
para representar
las diversas formas,
lo que demuestra
una gran preocupación
estética y un
conocimiento
práctico y racional.

lateral y de espalda. Esta multiplicidad de puntos de vista de la escultura y del dibujo se expresa en el *Tratado de la pintura*, donde Leonardo establece analogías con la cerámica, con la manera de «hacer un jarrón con el torno», en la que muestra los «aspectos infinitos» de su rotación.

«Dibujar pintando»

Leonardo concluye su primer período florentino con una extraordinaria cosmogonía, un verdadero «manifiesto de la pintura», donde se expresa su humanismo. *La adoración de los Magos* es el primer cuadro que concibe de manera radicalmente autónoma y revolucionaria, como una gran máquina de compleja iconografía. Los segundos planos se

Las alteraciones y las impurezas superficiales dificultan la lectura de *La adoración de los Magos*. Los análisis espectrográficos han permitido llevar a cabo redescubrimientos significativos. Se puede reconocer a Dante entre los personajes de la derecha. Un estudio para *La adoración de los Magos* (derecha).

abren en vastas perspectivas sobre horizontes lejanos, en un repertorio de actitudes psicológicas y de símbolos donde la meditación impregnada de *pathos* mezcla la razón y lo irracional, donde la conciencia de una continuidad de la historia se alía con la de un renacimiento.

Los elementos de esta «máquina pictórica» no son engranajes, sino figuras, gestos, geometrías, estados de ánimo, energías vitales, «movimientos corporales» y «mentales», actitudes y emociones. El dinamismo del Niño está en el centro de esta cosmogonía, en el eje de rotación de la pirámide que forman la Virgen y los Reyes Magos. Alrededor, los reyes, los pastores, los ángeles, los caballeros se agitan, en el vasto movimiento envolvente de la epifanía, que, más que la adoración, es el verdadero motor de la composición. La técnica fluida del dibujo y el claroscuro confieren al conjunto una gran intensidad y, a la imagen, una «dinámica integral».

El convento de San Donato, en Scopeto, cuyo notario era su padre, encargó esta *Adoración* a Leonardo en marzo de 1481. Aunque el artista se comprometió a acabar el cuadro en menos de treinta meses, lo deja inacabado, igual que el *San Jerónimo*, en el momento de su partida a Milán. ¿Es ése el grado más alto de elaboración al que puede llevar su pintura en 1482?

En 1845, el papa Pío IX compró el cuadro de *San Jerónimo* (*inferior*), pintado hacia 1482. Anteriormente, perteneció a la colección de Angelica Kauffmann y a la del cardenal Fesch, tío de Napoleón. Este último se lo habría comprado a un quincallero, que, a su vez, lo habría usado como tapa de un cofre; no obstante, faltaba la parte de la cabeza del santo. El cardenal Fesch la recuperará varios meses más tarde en la tienda de un zapatero, donde la usaban de taburete. La comparación con *La adoración* confirma la atribución de *San Jerónimo* a Leonardo.

El pintor se presenta a Ludovico el Moro como un experto en artes militares y le ofrece sus secretos: «Una infinidad de puentes, la manera de destruir las fortalezas, los canales, carros cubiertos, seguros e inexpugnables, bombardas, morteros [...] y otras máquinas de eficacia admirable [...]. Además, construiré un caballo de bronce que será una gloria inmortal [...] para la ilustre casa de los Sforza».

CAPÍTULO 3

EN MILÁN EN ÉPOCA DE LOS SFORZA

La primera obra que Leonardo realiza en Milán es *La Virgen de las rocas* (página anterior) la mano de María está tendida en un gesto ritual como en un ejercicio de levitación, san Juan Bautista señala con el dedo. Al lado, una hoja de *El Códice Atlántico*, sobre la que Leonardo dibujó los principales puntos de referencia de Milán.

En 1482, Leonardo abandona Florencia para trasladarse a Milán; oficialmente iba a llevar un regalo a Ludovico el Moro de parte de Lorenzo de Medici: una lira de plata, un precioso instrumento de música con forma de cráneo de caballo. Por tanto, a los treinta años, para cumplir con el papel de embajador de las artes, sirve a los designios de Lorenzo el Magnífico, que se apoya sobre el prestigio cultural de la Florencia de los Medici para favorecer sus relaciones políticas y económicas. Sin embargo, las razones de este viaje son muy diversas y Leonardo llega muy inquieto a Milán.

En los códices se encuentran todos los estudios de los sistemas que Leonardo propone en su carta a Ludovico el Moro (*inferior*). Trabaja en un proyecto de carros de asalto y de carros con hoces (*extremo inferior*), máquinas ya conocidas para las que estudia sistemas defensivos que recomienda usar

Milán, la Atenas de Italia

En 1481, Sixto IV invitó a representantes de la pintura florentina a trabajar en el Vaticano: llamó a Botticelli, a Perugino, a Piero de Cosimo y a Ghirlandaio, pero no a Leonardo. Sus notas del momento reflejan cierto pesimismo. El clima de erudición del humanismo florentino, en esencia neoplatónico, es un freno para las ambiciones del artista, que piensa encontrar en la Lombardía aristotélica y pragmática un lugar más favorable a sus experiencias.

El ducado de Milán, rico, moderno e industrial en una Italia dividida, atrae a los codiciosos de otros estados europeos. Culturalmente, la herencia del gótico internacional se une a las novedades del Renacimiento. Sin duda, la poderosa ciudad no cuenta con demasiadas personalidades de alto nivel en el ámbito de los artistas figurativos, pero Ludovico el Moro quiere convertir Milán en «la Atenas de Italia», y crear en ella un «Parnaso», que pueda hacer sombra incluso a Florencia, a Mantua, Ferrara o Urbino, y llegar a igualar a los Medici, a los Gonzaga, a los Este o a los Montefeltro.

en una gran batalla, mientras se lanzan gritos para sembrar el pánico entre los caballos del enemigo. Observa que, en efecto, a menudo estos carros «no causarán menos daños a los amigos que a los adversarios». Los dibujos, extraordinarios por su dinamismo, muestran con claridad los efectos de estas máquinas de guerra mediante la representación de las mutilaciones de soldados sorprendidos.

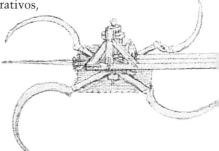

En la corte de Ludovico, Leonardo recibe el título mítico de «Apeles florentino», reservado a los grandes pintores. Espera obtener no sólo el pago de cada obra acabada, sino también un salario: ésas serían unas condiciones ideales para llevar a cabo sus experimentos, aunque, como contrapartida, debía aceptar el papel bastante exigente de animador ecléctico y de «adorno» prestigioso de la corte.

En 1482, Milán está en guerra con Ferrara. Las artes militares desempeñan un papel determinante, igual que el comercio y la producción de armas. Todo esto contribuye a explicar el contenido de la carta compuesta por diez puntos que Leonardo ha hecho redactar en su nombre a un amigo erudito, y que dirige al señor de Milán. En los nueve primeros puntos, resalta sus cualidades de ingeniero militar, al mismo tiempo que se propone para llevar a cabo, en tiempos de paz, obras de arquitectura y de hidráulica y, por supuesto, pinturas y esculturas. Y ensalza el proyecto del monumento a Francesco Sforza, el padre de Ludovico. Más allá de su arte, que el duque conoce, Leonardo quiere ofrecerle otra parte de su trabajo: sus invenciones y conocimientos prácticos, así como sus logros como ingeniero y sus máquinas de ensueño.

Uno de los retratos de Ludovico el Moro más difundidos por la escuela de Leonardo (*superior*). En el manuscrito H, Leonardo le dedica, entre otras alegorías, el texto siguiente: «El Moro con gafas, la Envidia representada junto con la mentirosa Maledicencia y la Justicia, negra a causa del Moro». Las gafas sirven, simbólicamente, «para conocer mejor».

Enigmas y armonía

No sabemos si Leonardo envió o no esa carta a Ludovico, pero es bastante probable que fuera a Milán en compañía de un músico, Atalante Migliorotti. Según la leyenda, él mismo tocaba la lira con un talento «raro» y era un hábil intérprete y maestro de música, inventor de instrumentos y de espectáculos fantasmagóricos que causaban la admiración de los coros de Milán y Francia. En sus códices, se han encontrado estudios para construir tambores mecánicos e instrumentos de viento con teclado, viola y órganos portátiles, flauta y cornamusa, e incluso de autómatas y de sistemas hidráulicos para realizar maquinarias de teatro con efectos sonoros. No conocemos composiciones musicales completas, las notas se combinan a menudo para formar astutos enigmas, jeroglíficos del primer período milanés.

Una de las constantes, y también uno de sus grandes temas, es la armonía: la producida por la música y los efectos sonoros de las aguas, pero también la armonía entendida como búsqueda estética y como equilibrio entre los elementos, medida de tiempo y principio de la cosmología... Si para él, la «ciencia de la pintura» es una ciencia divina, la música sólo puede ser su «hermana». Sin embargo, escribirá en su *Paragone*: «La pintura se impone a la música y la domina, porque aquélla no perece en cuanto se crea, como la desdichada música». Privilegia los ojos, «ventanas del alma», y sitúa la vista por encima de los demás sentidos. Su pensamiento es una trama continua de contrapuntos en analogías. La música para él es una ciencia cerebral, un arte refinado, artificial, pero también primordial, que consigue describir mediante

Hay dos versiones de *La Virgen de las rocas*: la del Louvre, que data de entre 1483 y 1486 (página siguiente, *izquierda*), sin duda, es autógrafa, y la de Londres, de los años 1493-1508 (página siguiente, *derecha*), aunque muy controvertida y retocada, lo es al menos en gran parte. La Virgen del Louvre está bañada por una vibrante atmósfera crepuscular, y una magia secreta parece emanar de las sombras. Las pinceladas son más fluidas en el cuadro de Londres y, a veces, parecen recordar a pétalos de color. El tratamiento del tema religioso también difiere: las flores del cuadro del Louvre son ante todo un símbolo de pasión, mientras que, en el de Londres, lo son de pureza y de humildad material.

extrañas adivinanzas: «El viento que, al pasar por la piel de los animales, hará saltar a todos los hombres» es «la cornamusa que hace bailar», la música de un mundo primitivo, atávico; pero sobre todo, la música será siempre «una representación de lo invisible».

Un instrumento de música adquiere la forma de un animal fantástico (la lira, página anterior, *superior*) mientras

La pintura también se convierte en «representación de lo invisible»

La primera obra conocida de Leonardo en Milán es *La Virgen de las rocas*, una composición de gran complejidad, una pintura metafísica que aparece como el paradigma de concepciones estéticas de las que Leonardo había intuido en su período florentino, pero sin llegar a expresarlas en su plenitud, ya que *La adoración* quedó inacabada. *La Virgen de las rocas* será el prototipo de cierta *maniera* de la escuela leonardesca en Lombardía. La invención que consiste en sumir la escena en la sombra otorga a los elementos, al surgir la luz, el estatus de verdaderas

que las notas permiten a Leonardo componer sus jeroglíficos; escrito al revés: «L'amo re mi fa so la za re» (*L'amore mi fa sollazare*), «el amor me divierte» (página anterior, *derecha*). Abajo, otro jeroglífico, también al revés: «Pero si la fortuna me sonríe, entonces cambiaré de rostro» (*Pero si la Fortuna mi fa felice tal viso asponero*).

revelaciones y hace que los personajes, los halos y los reflejos de «luces secundarias» aparezcan como emanaciones espirituales.

La Virgen de las rocas estará durante veinticinco años en el centro de las discrepancias entre Leonardo y sus comanditarios, la Confraternidad de la Inmaculada Concepción en San Francesco Grande, en Milán. A pesar del descubrimiento de nuevos documentos de archivos, sigue siendo en parte un enigma. Fue objeto de múltiples conflictos de interés, desde la desaparición del primer cuadro (que hoy está en el Louvre). Retrasos, reclamaciones dudosas, juicios y sentencias se sucedieron, hasta el acuerdo de terminar el cuadro (la segunda versión que hoy está en Londres), con la condición de poder copiarlo después. Al aceptar el encargo, el 25 de abril de 1483, Leonardo se comprometió a acabar la obra en poco más de siete meses. No podrá firmar el certificado de finalización hasta el 23 de octubre de 1508.

El cuadro reúne en una síntesis extraordinaria los grandes temas leonardescos y los símbolos herméticos, llenos de secretos y de alusiones, que se prestan a una infinidad de interpretaciones simbólicas y teológicas: la gruta húmeda y florida dentro de la tierra es a la vez matriz y caverna del conocimiento, nimbada por un aura metafísica y esotérica con acentos de lirismo místico y de misterio. La cueva rocosa y las montañas inaccesibles que se pierden en la lejanía representan el universo geológico en el infinito espacio-temporal, forman el teatro secreto del acontecimiento sagrado,

Entre los estudios de Leonardo relacionados con *La Virgen de las rocas* del Louvre, el historiador de arte Berenson considera que este rostro de una muchacha (*superior*) es «el dibujo más bello del mundo».

En *La Virgen de las rocas* del Louvre, la mirada del ángel va más allá del cuadro, en dirección al espectador, pero más allá de su percepción directa. Algunos lo consideran ambiguo, casi demoníaco, con un pie derecho con garras. Los cuatro personajes de la versión de Londres obedecen a una composición geométrica, piramidal y con líneas que forman una cruz, pero se imponen en el espacio con una evidencia mayor. Cada elemento, bañado por la luz, tiene su propia dinámica visual y espacial, en particular el drapeado amarillo de la Virgen que, en la versión del Louvre, es como una notación abstracta, mientras que, en la de Londres, retoma la verosimilitud en el interior del manto. Se ha perdido cualquier rastro del espléndido marco de madera dorada realizado por Giacomo da Maiano, pero se han conservado los paneles laterales (atribuidos a De' Predis, pero también a Marco D'Oggiono), en los que aparecen sólo dos ángeles músicos, en lugar de los ocho músicos y cantores previstos.

puramente espiritual, donde los gestos permanecen suspendidos como para capturar ese instante de la historia de la humanidad. La iconografía, que no corresponde a la que se preveía en el contrato de 1483 (la Virgen con el Niño entre dos ángeles y dos profetas, pero sin san Juan), incita a ver una intención herética de Leonardo.

El broche de la Virgen es de sumo interés en cuanto a la morfogénesis del cuadro: constituye una especie de microcosmos, un ojo de luz refractada y de sombra profunda, como un espejo oscuro.

El broche (página anterior) en el centro de *La Virgen* de París, no aparece en el de Londres.

El rostro de la Virgen se encuentra en el punto de convergencia de varias diagonales, pero el broche, con sus veinte perlas, está en el centro de toda la composición.

El primer taller milanés de Leonardo

Leonardo se distingue como *depinctore* (pintor) y crea un taller con colaboradores y alumnos. Entre los cuales, se encontraban Ambrogio de' Predis, Boltraffio, Salai, Marco d'Oggiono, Francesco Galli, llamado Napoletano, el «mecánico» Giulio Tudesco... Produjeron obras como la *Madonna*

Litta, llamada también la *Virgen de la leche*, que, a pesar de ser notable por su composición en escorzo y su simbolismo (la leche y el jilguero de la Pasión), no se atribuye al maestro. Ahora bien, ¿existió un prototipo, completamente autógrafo de Leonardo? El cuadro podría estar fechado, como producción de taller, entre los años 1485-1487 o más tarde. ¿No hay algunos detalles en *La Virgen de las rocas*? Sin duda, la idea del cuadro le pertenece por completo Leonardo. Es un buen ejemplo de la producción de su taller milanés, donde una concepción unitaria y la refinada técnica atenuaban las diferencias.

La renovación del retrato

Dos obras de entre los años 1485 y 1490, *El Músico* y *La dama del armiño*, atestiguan la profunda renovación que la obra de Leonardo supone en el género del retrato. *El Músico* es un verdadero concierto de referencias, desde los bucles «brillantes» de Ginevra Benci a la anatomía escultórica de *San Jerónimo*, reforzados por una intensidad psicológica nueva, que alcanzará un punto sublime en *La dama*

del armiño. Se percibe el carácter lombardo, las referencias nórdicas y el dinamismo del retrato que sugiere el instante en el que durante un intermedio musical el cantante contiene «el gesto y la respiración». La preparación y la técnica nos indican que la intervención de Leonardo es casi segura, y como mucho se puede aceptar la colaboración marginal de un ayudante como De' Predis.

El anciano y el joven (centro) son característicos de los perfiles ideales y de los contrastes fisiognomónicos que tanto gustaban a Leonardo. *El músico* (página anterior, *inferior*) se consideró durante casi trescientos años el retrato del duque de Milán, hasta que el descubrimiento del pentagrama de notas en la lámina reveló que se trataba de un músico cuya identidad se desconoce todavía. El retrato de dama (*izquierda*), atribuido hoy con seguridad a Leonardo, es el de Cecilia Gallerani (en griego «armiño» se dice *galè*) que, en 1490, a los diecisiete años se convirtió en la amante de Ludovico el Moro. Los repintes han hecho desaparecer el degradado luminoso del fondo, se introdujo una inscripción con un falso título y se cambió la V inicial, de Vinci, por una W: desnaturalizaron el peinado, modificaron la geometría de los lazos, el collar, la forma de la mano izquierda y de los dedos inferiores de la derecha, aunque no consiguieron borrar por completo la sabia elegancia de la obra maestra que, sin duda, es *La dama del armiño.* La *Madona Litta* (página anterior), por su parte, carece de la vitalidad de sus obras autógrafas.

No tenemos ninguna información fiable sobre *La dama del armiño* antes de finales del siglo XVIII, cuando, llega a Polonia, procedente de Italia, integrada en la colección Czartoryski. No obstante, a pesar de las restauraciones, el retrato ejerce sobre quien lo observa una fascinación todavía mayor que el de la Gioconda. El ritmo de la composición y el movimiento de la silueta femenina que gira en el espacio según una espiral divergente en relación a la del armiño son una novedad absoluta en el arte del retrato.

Hombre sin letras y artista de la ciencia

Cinco años después de su llegada a Milán, Leonardo considera indispensable organizar, reunir, racionalizar sus conocimientos teóricos y prácticos, artísticos y tecnológicos. Así comienza su metamorfosis en artista de la ciencia. Se propone entonces recoger notas de todo tipo en su cuadernos de diversos formatos y proyecta la redacción de tratados sistemáticos.

El primer problema al que se enfrenta es el de las «letras» y el del acceso a las fuentes clásicas. Se define como «un hombre sin letras», que obtiene su saber su la experiencia y de la práctica de las artes, polémico con los doctores, *gente stolta*, estúpidos, presuntuosos y arrogantes, que se basan en su formación autodidacta para criticarlo ciega e injustamente. Estos accesos de humor violentos y persistentes de los que ha dejado huella en sus notas personales revelan dos elementos biográficos fundamentales: es muy consciente y está orgulloso de no haberse formado en la cultura libresca y retórica, y se muestra lúcido en la fe que demuestra tener en los valores universales del arte y en su conocimiento directo

Leonardo acompaña este croquis (*derecha*) con un elemento mecánico que parece animarse con una vida serpentina, y añade una nota autobiográfica: «Cuerpo elaborado según la perspectiva por Leonardo de Vinci, discípulo de la experiencia. No se ha usado otro cuerpo como modelo, sino que se ha hecho sólo mediante simples líneas». Se trata de la invención como arte, el artificio absoluto del dibujo que, junto con la pintura, compite con el «creador divino».

En las columnas de palabras del Códice Trivulzio (página anterior, *inferior*), aparece un estudio de fisiognomonía. Leonardo se apasiona también por el vuelo humano y sus intentos míticos, desde los ciervos volantes de la antigua China, pasando por los del Fontana Veneciano, destinados a la señalización militar, hasta llegar a los experimentos legendarios de Dante en el lago Trasimeno. Leonardo proyecta sobrevolar él mismo los lagos de Lombardía. Para atenuar el riesgo de la caída, dibuja un paracaídas (*inferior*) con unas proporciones bastante plausibles.

y creador de los fenómenos de la naturaleza. Leonardo se complace al afirmar su condición de hombre hecho a sí mismo, confiesa una completa aversión a las jerarquías culturales, a la distinción entre «artes mecánicas» (o peor «artes serviles»), a la erudición académica que pretende imponerse a la experiencia. Reconoce, no obstante, que la práctica sin verdadera ciencia es como el marino sin brújula: «La ciencia es la capitana, la práctica, el soldado». No olvidemos que la pintura también es una ciencia.

Aunque Leonardo es «un hombre práctico en busca de una teoría», siempre se muestra como un artista deseoso de ir más allá, que intenta comprender aquello que se le escapa. Cultiva el gran sueño del arte y lo proyecta en la utopía. Es el hombre-artista que prefigura los paradigmas del imaginario tecnológico y arquitectónico mediante sus diseños de las máquinas voladoras.

El arte del vuelo y el sueño del submarino

El sueño de Ícaro fascina a Leonardo, que estudia la técnica y el arte del vuelo en las páginas de, al menos, nueve códices de diversos períodos de su vida. Después de sus primeros estudios de juventud en Florencia, entre 1487 y 1490, dibuja en el manuscrito B fabulosas máquinas voladoras, inspirándose en el aleteo de los pájaros. Poco a poco, aplica al arte del vuelo nociones de mecánica, física y anatomía, sobre las articulaciones. Se preocupa de la aerodinámica para estudiar corrientes, de los problemas del centro de gravedad, de la resistencia y de la revolución del pájaro, analizado como cuerpo geométrico e «instrumento que opera siguiendo leyes matemáticas». Observa al

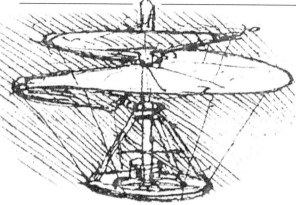

«El tornillo se hace hembra en el aire y subirá muy alto.» Esta famosa anticipación del helicóptero se considera la evolución del juego infantil del «molinillo».

milano y otras aves de presa, aunque afirma que no hay «más modelo que el murciélago».

El vuelo representa para Leonardo la cima de la utopía mecánica, el sueño de un dios ingeniero, de crear una maravilla sublime, pero también un deseo metafísico, todo el placer onírico de la fantasía de inmensidad, de la exploración de las «geografías solemnes de los límites humanos».

Al sueño de conquistar el cielo se corresponde el de poder sumergirse y moverse por aguas profundas, o caminar sobre la superficie del agua. No obstante, el deseo de una máquina para planear en el aire es una aspiración a una libertad extrema, el de disponer de instrumentos para moverse bajo la superficie del mar parece sobre todo ligado a una idea insidiosa de guerra y destrucción.

Su sumergible es un «barco útil para hundir los navíos con el instrumento que tú sabes». ¡Un secreto! Ciertamente tiene relación con sus estudios del folio en el que se puede ver también una escafandra, con un diseño bastante elogiable, aunque poco funcional. Lo dibuja con taladros para destrozar el carenado y otros dispositivos para ataques submarinos que se propone mantener en secreto hasta que se firme ante notario «un contrato por el instrumento». Piensa que puede enriquecerse con este descubrimiento.

La «locura bestial»

Para Leonardo, la guerra es *pazzia bestialissima* pero puede responder a una «necesidad», por tanto, estudia armas mortales y ofrece sus invenciones a los señores de la guerra, a la vez que proclama el disgusto que siente por las armas invisibles y asesinas, las que golpean a traición desde el fondo de los mares y por las flechas envenenadas.

Las escenas de batalla son para él un decorado ideal para poner en práctica las emociones y los efectos visuales. Sus dibujos son «estandartes de belleza» de un gran poder sugestivo, que no pueden compararse a nada en la historia de los tratados, ni en ninguna de las representaciones que precedieron, o siguieron, a su obra. Por ejemplo, usa los mortales proyectiles explosivos, que definió como «la máquina más mortal posible», para dibujar un cielo lleno de estrellas pirotécnicas. Sus estudios para la guerra, que parecen destinados a un escenario

Leonardo dibuja una máquina grande, con veinte brazos (página anterior, *inferior*), para volar desde la cima de la montaña, sostenido por el viento, con un hombre «siempre de pie en su centro», «que sirva de brújula». Estudia sistemas de respiración bajo el agua (página anterior, *centro*). Las ballestas montadas en batería (*inferior*) toman la forma de gigantescos motores con rueda. Leonardo aplicará el principio de la ballesta a los carros automóviles, a los relojes y a las máquinas voladoras.

Ludovico el Moro, a quien le encantaba difundir por todas partes sus emblemas, busca en los elementos más diversos significados alegóricos, alusiones ambiguas, secretas o irónicas y símbolos. Sin embargo, en las alegorías que dibuja Leonardo, o en las correspondencias que sugiere entre palabras e imágenes se translucen muchos sentimientos o estados de ánimo, su resentimiento contra la envidia, la traición y la calumnia. Representa la oposición de los contrarios, celebra o defiende la prudencia, la belleza y la verdad contra los embustes y los vicios de la vida. En la página anterior, *superior*, vemos a Phyllis que cabalga a Aristóteles; en una alegoría que pudo inspirar a la metafísica de Giorgio de Chirico, se mezclan la energía solar y el espejo, el unicornio y otros animales fantásticos (página anterior, *inferior*). El hombre se eleva a partir de las ramas del árbol, sostenido por los «contrafuertes» de la geometría (*superior*); la envidia cabalga a la muerte (*inferior izquierda*), mientras se ve el triunfo de la virtud (con la rama de olivo) sobre la envidia (con cola de escorpión).

de teatro, adquirieron
una precisión estética
cada vez mayor.

El «médico arquitecto»

En los campos de la arquitectura
y del urbanismo, Leonardo
es también un artista de «vanguardia»,
pero no se rebela contra el sistema
político, ni contra sus comanditarios;
se mide constantemente con la
realidad, se esfuerza por inventar
y aprovechar ocasiones favorables,
aunque a menudo siguen siendo
limitadas. De una escudería a un
templo, de una ciudadela inexpugnable
al teatro destinado a la predicación,
sus dibujos son los detalles racionales
de un gran proyecto.

En 1487, se construye
una maqueta de madera
del cimborrio de la
catedral de Milán según
los planos de Leonardo.
Escribe al respecto que
la arquitectura es como un
organismo vivo: si un edificio
está enfermo, necesita un «médico
arquitecto». La idea no es nueva, pero
el proyecto de Leonardo es original.

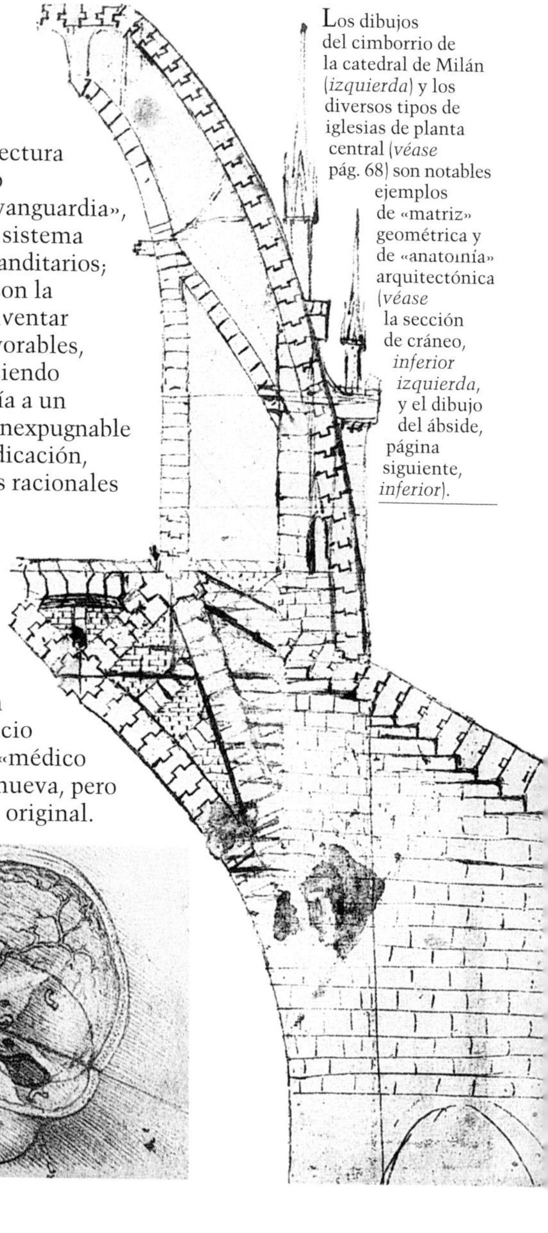

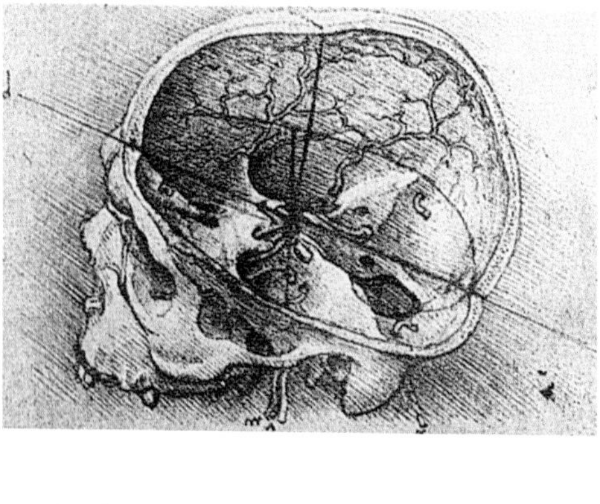

Los dibujos
del cimborrio de
la catedral de Milán
(*izquierda*) y los
diversos tipos de
iglesias de planta
central (*véase*
pág. 68) son notables
ejemplos
de «matriz»
geométrica y
de «anatomía»
arquitectónica
(*véase*
la sección
de cráneo,
inferior
izquierda,
y el dibujo
del ábside,
página
siguiente,
inferior).

Combina, en efecto, ideas completamente tradicionales y confusas, interacciones entre conceptos geométricos abstractos, elementos estructurales, incluso analogías entre «diagramas de armonías musicales» y la anatomía humana (la copela del cráneo...). La idea de la relación entre el cuerpo humano y las formas del universo micro y macroscópico se inspira en el *Timeo* de Platón y en la *Cosmografía* de Ptolomeo. En los tratados de arquitectura de Francesco di Giorgio, que en 1490 se encuentra en Pavía con Leonardo, los dibujos de edificios y los elementos de arquitectura se basan en las proporciones del cuerpo humano. Desde la anatomía de una columna a la sección de un templo, esta concepción se encuentra en los croquis de arquitectura de Leonardo, que se refieren explícitamente a Vitruvio, en particular en un célebre dibujo de Venecia que se puede fechar en 1490. Naturalmente, el centro del cuerpo humano, inscrito en el círculo, es el absoluto geométrico, es el ombligo, el *omphalós* de los griegos.

El estudio de las proporciones humanas (en sobreimpresión, *izquierda*) muestra que Leonardo propone una síntesis de las concepciones arquitectónicas, desde Vitruvio a Francesco di Giorgio, en términos de armonía y de antropomorfismo. Alimenta el sueño de un urbanismo que conciliaría las artes, las ciencias y la utopía. Su ambicioso proyecto para Milán (página siguiente, *superior*) prefigura las ciudades satélite con varios niveles, con las que soñarán los futuristas en el siglo XX.

La ciudad se vuelve belleza

El tema de la «ciudad nueva» estará particularmente de moda en los años posteriores a la peste de Milán de 1484-1485. La ciudad ideal de Leonardo se funda en criterios de organización racional, de dinamismo natural, de los significados simbólicos y de exigencias funcionales, a todos los niveles, desde la estancia noble en un palacio a la red de alcantarillado. Leonardo no se contenta con estudiar abstracciones formales, sino que propone soluciones prácticas: los caminos y los cursos de agua aseguran una circulación que debería ser óptima por razones de eficacia, de placer y de salubridad. Basa su sistema no tanto en distinciones entre clases sociales como en las funciones de cada uno e, igual que en anatomía, trabaja con visiones separadas: empieza por las infraestructuras...

No es sorprendente que no se llevaran a cabo estas ideas en materia de urbanismo. De hecho, sólo conocemos algunos fragmentos de ellas, más cercanos a visiones futuristas que a la tradición de las ciudades utópicas del Renacimiento.

Sin embargo, en 1493, Leonardo elabora un proyecto piloto para la reestructuración y la expansión de Milán. Mientras trabaja en este plan de urbanismo, inventa metáforas ecológicas, como la fábula de la piedra que viene del campo y se siente mal cuando se la coloca en la ciudad insalubre: «Así ocurre que quiere abandonar la vida solitaria y contemplativa para venir a vivir a la ciudad, entre personas de infinita maldad». En los años posteriores a 1490, Leonardo es oficialmente uno de los ingenieros más prestigiosos de la corte de los Sforza, junto con Bramante y Dolcebuono. En Vigevano, se interesa por las transformaciones de la Piazza Ducale y de sus accesos, dibuja molinos, se entusiasma por la arquitectura hidráulica de la Sforzesca, la granja ducal. Fruto de una larga tradición, los conocimientos en hidráulica, que estaban bastante adelantados en Lombardía, habían dado importantes logros en los ámbitos de la irrigación y del saneamiento de tierras, de la utilización de la energía y de la regulación

En el manuscrito B, Leonardo dibuja una escalera con dos rampas divergentes y después convergentes (*inferior*). Al lado de los estudios para una fortaleza, encontramos los de un quiosco y los dibujos para un laberinto junto a una simple cubierta de tejas (página siguiente).

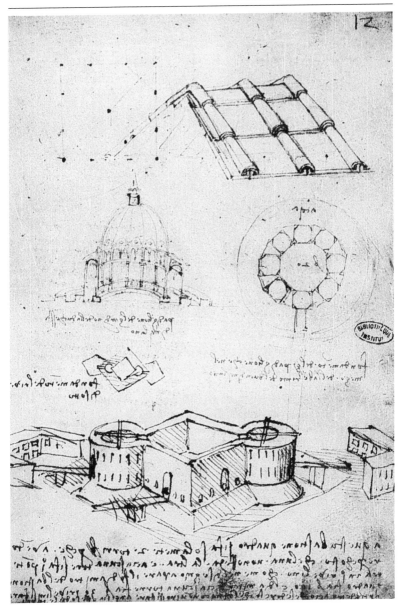

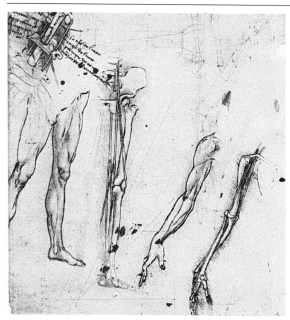

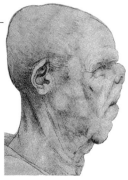

Leonardo estudia
el esqueleto y los
tendones del hombre
(*izquierda*), al mismo
tiempo que la médula
espinal de una rana
(en la misma imagen,
superior izquierda)
que ha disecado.
Escribe que en
la médula debe de
encontrarse el líquido
seminal (la virtud
fecundadora).
Asimismo, buscó
rostros deformes
para caracterizar
«la fealdad», con
lo que se posiciona
como iniciador
de la fisiognomonía.
Consigue hacer dibujos
bellos con sujetos feos.

de los ríos mediante sistemas de esclusas y de canales
como el Naviglio o la Morella, realizados en los
tiempos de Ludovico el Moro. Leonardo extiende
sus investigaciones hasta Ivréa, en Piamonte.

«El 2 de abril de 1489, libro titulado *De la figura humana*»

En esta época, Leonardo intenta profundizar en
sus conocimientos de anatomía. No sólo quiere
comprender el funcionamiento del cuerpo, sino
también su esencia íntima. Se pregunta sobre
los «movimientos del alma», así como sobre lo
que llama las cinco categorías: mental, temporal,
vital, sensual y «de la especie de las cosas». Quiere
penetrar en las «causas profundas», desvelar los
secretos del cuerpo humano. Lanza, entonces, las
bases de su nueva «invención», la anatomía como
arte, el dibujo anatómico no sólo en relación con la
pintura, sino también con la observación científica.
En sus primeras planchas, Leonardo depende de
los prejuicios heredados de la tradición y, a menudo,

debe realizar sus disecciones con animales para conocer el cuerpo humano. No dibuja sólo lo que quiere, sino lo que espera encontrar.

Su objetivo es demostrar que el alma «no está extendida por todo el cuerpo, como algunos creyeron», sino que sólo se puede encontrar en el centro del cerebro porque «el juicio parece estar en el lugar donde todos los sentidos coinciden», y donde residen la imaginación, el intelecto y el «sentido común». Mediante una de sus sorprendentes metáforas jerárquicas y militares, definió el alma como el príncipe servido en el ventrículo central por un capitán de percepciones sensoriales (es decir, el sentido común), mientras que los «nervios con músculos» serían los soldados al servicio de los condotieros. En la médula espinal, los espíritus animales transmitirían las sensaciones a través de los canales laterales y el «poder generador» por el canal central. El dibujo anatómico de Leonardo, ya de una belleza incomparable, evolucionará formidablemente a lo largo de los siguientes veinticinco años.

El teatro de las maravillas

El arte de lo efímero y de la diversión, de los autómatas y de las maravillas es para Leonardo un campo fabuloso de experimentación, donde puede comprobar sus intuiciones y sus invenciones mecánicas, así como expresar sus nuevas pasiones por la literatura, la psicología, los automatismos y la simbología. El 13 de enero de 1490, en el castillo de los Sforza, dirige el espectáculo con máquinas de la Fiesta del Paraíso, en honor del matrimonio de Isabel de Aragón y de Gian Galeazzo Sforza.

En febrero de 1491, Galeazzo da Sanseverino organiza para Ludovico el Moro una gran fiesta en ocasión de su matrimonio con Beatrice d'Este. Leonardo diseña trajes alegóricos y extraños como los «trompetistas» y los «hombres salvajes» (apariciones monstruosas, exóticas, bárbaras...). Cinco años más tarde, realizará una obra de arte de maquinaria teatral para la *Danae* de Baldassare Taccone en el palacio de Giovanni Francesco Sanseverino, cuya actriz principal se transforma en estrella (página anterior, *inferior*).

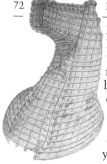

Mientras que el texto, obra de
Bellicioni, resulta algo retórico
y de circunstancias, los juegos
mecánicos, la animación de
los cuerpos celestes, los efectos
de luces y los movimientos,
los sonidos y los cantos, todos
ellos invenciones de Leonardo,
consigue excitar la imaginación
y deslumbrar a los asistentes.

Al temer que Leonardo
no consiguiera acabar
el monumento Sforza
(*inferior*), Ludovico
el Moro preguntó
a otros escultores,
Filarete y Pollaiuolo,
si podrían tomar el
relevo. El 23 de abril de
1490, Leonardo anota
en el manuscrito C:
«He vuelto a empezar
el caballo». El modelo de
barro está listo el 20
de diciembre de 1493.
Mide más de 7 m de
altura.

Acontecimientos decisivos

En 1494, Carlos VIII, rey de Francia, invade Italia.
Espera conquistar el trono de Alfonso de Aragón,
rey de Nápoles (padre de Isabel, la desgraciada cuñada
de Ludovico el Moro). Los Medici son desterrados

de Florencia. El emperador Maximiliano se casa con Bianca Maria Sforza, sobrina de Ludovico. En primer lugar, piensa sacar partido de la expedición del rey de Francia, pero a continuación toma partido por la coalición italiana que ganó la batalla decisiva de Fornovo en 1495. En noviembre de 1494, Leonardo, que preveía fundir el monumento Sforza, ve malogrado su esfuerzo, pues se llevan a Ferrara todo el bronce que había previsto (al menos 60 toneladas) para fabricar cañones con los que defender a Ercole d'Este de los franceses.

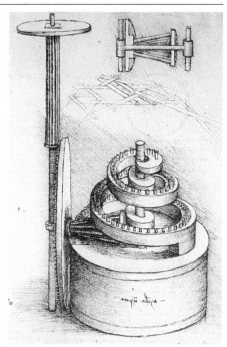

El artista sigue cubriendo centenares de hojas con notas y dibujos que demuestran la evolución de sus concepciones tecnológicas; recibe igualmente el encargo del fresco de *La Última Cena* para el refectorio de Santa Maria delle Grazie. Es interesante observar que Leonardo, a partir de ahora, se deja llevar por sus sueños de fortuna: diseña una máquina para afilar agujas y prevé beneficios de 60.000 ducados al año... Continúa con sus estudios de latín, ya que conocer esta lengua es indispensable para acceder a los ambientes cultos, lo que podría ser beneficioso para él, aunque, a menudo los desprecia.

Un fascículo del manuscrito Madrid II de 1493 muestra los estudios para la fusión del monumento Sforza (página anterior, *superior*), de la estructura de la forma en positivo-negativo a la utilización de arcilla refractaria, extraordinarios en lo que respecta a la técnica y en cuanto a la anatomía funcional y a la inteligibilidad visual. La visión monumental de Leonardo se aprecia en el reloj (*superior*).

El tiempo, la trama, los mecanismos

Las obras y los estudios de Leonardo se alimentan de intercambios interdisciplinarios y analogías metodológicas. Diseñar una máquina o esbozar la composición de un cuadro, reproducir la anatomía del cuerpo humano (el microcosmos) o del «cuerpo» de la tierra (el macrocosmos) son para él procesos cercanos. Para dibujar los aspectos más

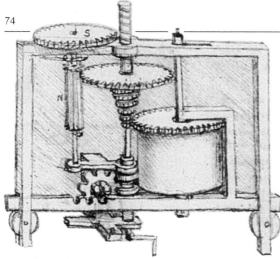

Hacia 1495, Leonardo estudia al detalle los relojes (*izquierda*, un ejemplo de engranaje): los sistemas de propulsión y de transmisión, los engranajes y las esferas, los contrapesos y las ruedecillas dentadas, los resortes y las agujas, los reguladores, la rueda catalina y la péndola. Incluso precisa que es necesario «hacer todo esto en silencio». Se interesa por los timbres y las campanas, tanto en su relación con la música, como con la relojería y utiliza la «serpiente», es decir, el mecanismo llamado «tiempo del reloj». El jeroglífico (*inferior*) que representa a un halcón (*falcon*) juega también con el tiempo: «*falcon + tempo*» = *fal* [*lo*] *con tempo* («tómate tu tiempo»).

complejos de un bastidor o de un reloj, estudia sus mecanismos como si realizara una disección anatómica: descompone cada elemento e investiga lo universal en lo particular, observa los movimientos y todos los fenómenos que se producen, de lo estático de la estructura a la dinámica de las funciones. Leonardo quiere conocer exactamente los materiales y las técnicas de construcción, las formas elementales, los datos esenciales y los principios. El «pintor» dibuja las nuevas «máquinas» de una utopía científica y de ese arte total que anuncia un mundo nuevo más allá de lo real: el mundo de la «poesía» del imaginario tecnológico.

La determinación con la que Leonardo se aplica al estudio de los relojes y de las máquinas de tejer es muy significativa. Consagra centenares de notas y de esbozos, a partir de los cuales elabora mecanismos con tornillos perpetuos, volantes, hélices e incluso con un reloj de péndulo. Estudia la aplicación de mecanismos similares a los de los relojes y del péndulo a molinos, a «máquinas de hacer viento» y a la torre. Realiza espléndidos dibujos para explicar el movimiento perpetuo por el absurdo: «Oh, especulador del movimiento perpetuo, ¿cuántas vanas quimeras ha creado en esta búsqueda? Ocupad el lugar que os corresponde entre quienes buscan la piedra filosofal».

A propósito de la invención de la máquina de tejer mecánica, Leonardo escribe: «Por importancia, va justo detrás de la imprenta, aunque no es menos útil para los hombres, puesto que es un invento más bello y sutil, portador de mejores beneficios». Esto prueba que merece su reputación de «profeta de la automatización» y de primer ingeniero del Renacimiento que se lanzó a estudios «por el progreso industrial». Se interesa en la tecnología, en particular, en los sistemas mecánicos y automáticos, ya que permiten ganar tiempo y energía, e introducir innovaciones en los campos más diversos de la actividad humana. Anticipándose a la robótica, aplica a su proyecto de máquina de coser principios de simultaneidad y de serie que multiplicaban las capacidades de producción.

La belle ferronnière (izquierda), o *Le trésor des merveilles de la maison royale*, se menciona en el *Tesoro de las maravillas de Fontainebleau* de 1642, como «retrato de dama de Mantua», obra de Leonardo. La técnica pictórica, la intensidad psicológica del rostro, en particular de la mirada, el refinamiento y el vigor del drapeado, la elegancia escultórica del personaje, el tratamiento del espacio, las relaciones entre sombras y luz, e incluso las grietas sirven para defender la autoría de Leonardo, aunque la hipótesis de un misterioso álter ego planea todavía sobre el cuadro.

La Última Cena

Mientras Leonardo continúa con sus reflexiones técnico-científicas, Ludovico el Moro, proclamado duque de Milán, le encarga *La Última Cena* en el marco de su proyecto de construir, en el convento de Santa Maria delle Grazie, un mausoleo para honrar a los Sforza. Así, ofrece al artista la oportunidad de realizar una extraordinaria síntesis de sus concepciones sobre la pintura como *cosa mental* y de sus experiencias más diversas en los campos de la óptica y la acústica, de la anatomía y la mecánica. Esta obra es el fruto de un proyecto preciso, que reposa sobre el estudio preliminar de la fisionomía y de la representación en el espacio.

La Última Cena, la obra más celebrada por los contemporáneos de Leonardo, suscitará las alabanzas y la codicia de reyes y emperadores. Monarcas como Luis XII y Francisco I o el propio Napoleón I intentaron transportar a Francia la pared sobre la que estaba pintada. También se ganó la admiración de artistas como Rubens y Rembrandt.

La Última Cena (*inferior*), finalizada en 1498, empieza a estropearse ya en vida de Leonardo. Las intervenciones de los restauradores se sucedieron a lo largo de los siglos hasta cubrir y deformar su diseño original, e incuso desnaturalizar los valores cromáticos de su pintura. Después de múltiples restauraciones discutibles, en 1980 se inició una nueva intervención para reparar «la obra maestra sin descanso». En ese proceso, se han descubierto colores, lo que queda de los reflejos y las transparencias, e incluso las marcas de la punta del pincel.

El simbolismo de los lazos

En 1498, Leonardo, que entonces tenía cuarenta
y seis años, trabaja en el castillo de los Sforza en
la decoración de los Camerini, de la Saletta Negra
y de la Sala delle Asse, redescubierta en 1893. Trabaja
en un sistema complejo de nudos vegetales en el
que se mezclan naturaleza y artificio, emblemas de
Ludovico el Moro y referencias a arquetipos tal como
el del eterno retorno. Probablemente pertenezcan
también a ese mismo período las planchas grabadas
de su *Academia* (en Francia, se llamará a Leonardo
«director de las pinturas del duque de Milán») en
las que retoma estas geometrías naturalistas de un
modo más abstracto y refuerza los aspectos simbólicos,
lo que recuerda a ciertos motivos orientalistas
o procedentes del arte céltico.

La divina proporción

Las matemáticas y la
geometría que, como
la música, «abarcan
todas las cosas del
universo» están presentes

En el refectorio
de Santa Maria delle
Grazie, Leonardo
pintó en los cristales
guirnaldas de hojas
y de frutas con blasones
de los Sforza en el
centro y los retratos
de los duques de Milán,
en medallones. En
la Sala delle Asse
del Castello Sforza
(*izquierda*, una
reconstitución
gráfica, e, *inferior*,
un detalle de pintura
mural), representa
una grandiosa y doble
alegoría: con ciertas
alusiones políticas,
mezcla *i vinci* («los
juncos») con el *gelso*-
Moro («la morera») de
los Sforza. En busca
de un emblema para su
Academia, piensa en
los fósiles marinos
(*inferior izquierda*).

instintivamente en la obra de Leonardo desde
su juventud. Ocuparán cada vez más su pensamiento.
Se aplica a su estudio sistemático a partir de 1496,
cuando llega a Milán el toscano fra Luca Pacioli,
acusado de plagiar los tratados inéditos de Piero
della Francesca. La idea del absoluto y de lo universal
fascina a Leonardo, que afirma: «Que nadie que
no sea matemático me lea en mis principios».
Y asegura, demostrado el entusiasmo del neófito,
que ha «aprendido de Messer Luca la multiplicación
de las raíces».

  Se equivoca a menudo en los cálculos más
elementales por falta de atención, pero sus resultados
en el estudio de la geometría son inmediatos,
fulgurantes. Al cabo de pocos meses, dibuja ya
para Pacioli los poliedros del *De divina proportione*,
que, en las recopilaciones de los manuscritos de
los Sforza de Ginebra y de Milán, están unidos
a cartuchos, parecidos a los de la *Academia*
de Leonardo: tal vez se han tomado de modelos
tridimensionales, como aquellos por los que
la Señoría de Florencia pagará a Pacioli en 1504.

Para ilustrar el tratado
del matemático Luca
Pacioli, Leonardo
dibuja poliedros
(*superior*) y
reinterpreta, con
una inspiración
naturalista, el árbol
de las proporciones
(*izquierda*). Luca
Pacioli se convierte
en el testigo más
importante del
prestigio del que
gozaba Leonardo en la
corte de Milán, digno
sucesor de los pintores
y escultores míticos
de la Antigüedad.
Atestigua que Leonardo
acabó un «tratado
de pintura y de
movimientos
humanos»:
un tratado perdido...

Con la caída de Ludovico Sforza y la llegada de los franceses, Leonardo abandona Milán. Antes de llegar a Florencia, se dirige a Mantua y a Venecia. En calidad de ingeniero militar de César Borgia, recorre la Romagna, las Marcas, Umbría y Toscana... En 1501, un enviado de Isabella d'Este escribe que su «existencia es tan inestable e insegura que se diría que vive el día a día». Dice que está «harto del pincel porque trabaja ardientemente en la geometría».

CAPÍTULO 4

EL ARTE
Y LA GUERRA

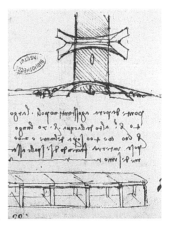

El tema de la *Sagrada Familia* será central en las obras de Leonardo en el período correspondiente a los años que van desde 1500 a 1517. *Izquierda,* un detalle de un cartón consagrado a este tema y conservado en Londres.

Leonardo demuestra su predilección por la idea del puente, tema simbólico y tecnológico a la vez, ya que proyecta volver a unir Asia y Europa, «de Pera a Constantinopla» (*derecha*).

En una carta del 13 de marzo de 1500, el lutier Gusnasco de Pavía describe un retrato de Isabella d'Este, marquesa de Mantua, que Leonardo le mostró en Venecia. En 1501, Isabella pide «otro esbozo de su retrato». Se perforó el cartón (*izquierda*) para poder trasladarlo y realizar una réplica o una pintura. Las perforaciones no corresponden exactamente al dibujo, lo que permite pensar que están hechas por un maestro y no por un alumno. El perfil marcado y la fluidez de algunos trazos son algunos de los indicios que permitieron reconocer el carácter autógrafo de esta obra de Leonardo, que en ocasiones se quiso atribuir a Boltraffio. El mal estado del cartón, que hace difícil la lectura del dibujo original, da al cuadro cierta evanescencia, de manera que se difuminan ciertos aspectos discutibles y se impone la nobleza de la imagen. Se aprecian algunos retoques que parecen efectuados por un artista que supo reavivar la gracia de la imagen.

La caída de Ludovico Sforza

En 1499, seguro de su amistad con Luca Pacioli y de la admiración que suscitó *La Última Cena*, Leonardo, que espera poder fundir el monumento Sforza, pretende consolidar su posición en la corte y profundizar en sus investigaciones artísticas y científicas. Un año antes, Ludovico le regaló un viñedo cerca de la Porta Vercellina, en Milán.

Cuando el rey de Francia Luis XII, reivindicando sus derechos a la sucesión de los Visconti (los antiguos duques de Milán), declara la guerra a los Sforza, Ludovico el Moro huye a Alemania para buscar

INSIGNE ·SVM· IERONYMI
CASII

la protección del emperador Maximiliano, su sobrino. Leonardo está ocupado, entonces, en estudios de mecánica («de movimiento y de peso») y de hidráulica (como el dispositivo para el «baño de la duquesa» Isabel). No obstante, se ocupó de enviar sus ahorros a Florencia y, cuando abandona Milán en compañía de Pacioli, escribe, con una indiferencia fingida, lleno de sobreentendidos: «El duque perdió su Estado, sus bienes personales y su libertad, y no acabó ninguna de sus empresas.»

Leonardo está en Bolonia al mismo tiempo que Boltraffio, que pintaba el retrato *inferior*, adornado con las iniciales C.B. (quizás correspondientes a Constanza Bentivoglio) y con el macabro emblema del poeta Gerolamo Casio en el reverso (*izquierda*). Casio es el autor de un soneto dedicado a la *Santa Ana* de Leonardo, así como de los versos que dedicó en 1525 al artista, en los que juega con las palabras *vincere* («vencer») y *Vinci*: «Naturaleza vencida por Leonardo de Vinci / pintor toscano, excelente para cualquier estado / empujado por la envidia y sin piedad / a la Muerte, dice va y vence a aquel que me venció».

En *El Códice Atlántico* encontramos un memorando realmente sorprendente: Leonardo proyecta un misterioso viaje al centro de Italia, en compañía del consejero del rey de Francia, Luis de Ligny, conde de Luxemburgo, con el que tiene intención de reencontrarse en Roma para ir juntos a Nápoles. En esta nota, escrita al revés, de derecha a izquierda, como es habitual en Leonardo, las cuatro palabras clave están escritas de forma legible, de izquierda a derecha. ¿Es para hacerlas todavía más enigmáticas o para resaltarlas y permitir que todo el mundo las comprenda? Se trata de los objetivos principales de este viaje: ir *arroma* («a Roma», en lugar de *amorra*) y *annapoli* («a Nápoles», en lugar de *ilopanna*) con *ligni* (en lugar de *ingil*) y de conseguir la confirmación de *ladonagione* («la donación», y no *enoiganodal*). Asimismo escribe, en espejo en esta ocasión: «Vende lo que

no te puedas llevar». En realidad es probable que el objetivo principal del viaje fuera ir a Mantua, para ver a Isabella d'Este, que se ha convertido en un punto de referencia esencial para él.

Hacer de la necesidad virtud

En los primeros años del siglo XVI, Leonardo tuvo que «hacer de la necesidad virtud después de diecisiete años en la corte de los Sforza, se ve obligado a buscar la protección, la amistad y los encargos de los mismos franceses que han echado a su gran mecenas y que han asesinado a su amigo el arquitecto Jacopo Andrea da Ferrara. Asimismo, estudia para la República de Venecia sistemas de defensa contra una posible invasión turca y, al mismo tiempo, elabora para el sultán los planos de un puente sobre el Bósforo para unir la costa europea y la asiática. En Venecia, igual que en 1502 en Imola, vuelve a ver a su futuro mecenas, y al hombre que quizá le encargó *La Gioconda* y una *Leda*, Giuliano de Medici, que pretendía recuperar Florencia por las armas.

Leonardo está sin duda en el valle de Chiana con su amigo Vitellozo Vitelli (cuya muerte ordenará César Borgia) cuando Arezzo se rebela contra Florencia. Se dirige a Piombino, en primer lugar como «familiar»

La carta (*superior*), dirigida al sultán y escrita en Génova, que acompañaba a los planos de Leonardo para un puente sobre el Bósforo y molinos de viento, se encontró en Estambul gracias a una serie de circunstancias extraordinarias. La vista de Arezzo y del valle de Chiana (*inferior*) es a la vez un paisaje y una topografía, una perspectiva a vuelo de pájaro y una interpretación de paseante.

كه اول اوان صوبه اشفاذ ن اقرب كتا
اولنك يا رشام كر ولدبن خرطمه ببا لك
كمك بالك   دنه فلوكوز عاب م

de César Borgia (que arrebató
el principado de Romagne a
Jacopo IV de Appiani), y después,
tras la caída de Borgia, como
enviado de Florencia al servicio
del mismo Appiani.

En Florencia de nuevo

La ciudad que Leonardo encuentra
ya no es la de Lorenzo el Magnífico,
cuya tiranía critica a la vez que añora su época,
considerada como una «edad de oro». La revolución
moral de Savonarola dejó un sabor amargo. En
los talleres de pintores, que han perdido parte
de su efervescencia, encuentra a sus compañeros.
Ghirlandaio sigue gozando de buena fama, pero
Botticelli ha caído en desgracia. Filippino Lippi,
que veinte años antes heredó
dos importantes encargos que se
habían confiado, en primer lugar, a
Leonardo (el retablo de la capilla de
San Bernardo y *La adoración
de los Magos*), le cede un
encargo para la Santissima
Annunziata; entonces,
Leonardo empieza sus
estudios para una *Santa
Ana* que no acabará jamás.

En 1501, Leonardo
realiza al menos
un cartón para
el convento de la
Annunziata, cuyo
procurador era Piero
da Vinci y que estaba
bajo la protección del
marqués de Mantua.
En la actualidad,
conocemos pinturas
derivadas (atribuidas
al Brescianino)
y un estudio atribuido
a Leonardo, con la
inscripción «Leonardo
en la Annunziata»,
así como el estudio
preliminar para la
Santa Ana conservada
en Venecia (*superior*).

Del 24 de abril de 1500 al 12 de mayo de 1502, Leonardo pasa mucho tiempo en Florencia, con algunos intermedios, como el viaje a Roma que menciona en sus notas sobre los molinos del Tíber y la estancia en la villa de Adriano, en Tívoli, después de la cual introduce en su obra nuevas referencias respecto al estilo y a los temas.

Durante su viaje a Roma, Leonardo se inspiró en la mitología para sus estudios, como este David (*inferior*) y un Neptuno. Una nota (*izquierda*) de su viaje en la que dice haber visto en Tivoli la villa de Adriano.

No obstante, la vida lujosa de la corte de Milán queda muy lejos; Leonardo continúa depositando florines de oro en su cuenta de Santa Maria Nuova. A petición del marqués de Mantua, dibuja los planos de la villa Tovaglia y propone elaborar una maqueta, no sin señalar que debía estar situada en las colinas de Florencia para que fuera perfecta. En diversas ocasiones, acuden a él para conocer su opinión sobre el campanario de San Miniato, sobre la estabilidad de San Salvatore in Monte y sobre la ubicación más adecuada para el *David* de Miguel Ángel. Sin embargo, su más extraña colaboración como consejero será la de «experto en antigüedades» cuando, en mayo de 1502, Francesco Malatesta adquirió cuatro jarrones antiguos que procedían de la colección de Lorenzo de Medici y que pensaba entregar a Isabella d'Este.

Una correspondencia reveladora

Las cartas de los hombres que Isabella envió a Florencia para pedir a Leonardo una segunda versión de su retrato revelan datos muy interesantes sobre las investigaciones del artista y sobre su taller de pintura. Se describen dos obras con precisión: una pequeña *Madona* y el primer gran cartón para *La Virgen, el Niño Jesús y santa Ana*, que no se puede identificar como el que se conserva en la National Gallery de Londres ni como el descrito por Vasari.

Uno de esos enviados, fra Pietro da Novellara, escribe en su carta del 3 de abril de 1501, en respuesta a la de Isabella del 27 de marzo, que «la existencia de Leonardo es tan inestable e insegura

que se diría que vive el día a día» y añade que «interviene en retratos que pintan dos de sus alumnos». Leonardo «trabaja ardientemente en la geometría» y «está harto del pincel». En su carta del 14 de abril, el religioso confirma a Isabella d'Este que «sus experimentaciones matemáticas lo han distraído tanto de la pintura que no puede soportar el pincel», pero se compromete a satisfacer las expectativas de la marquesa en cuanto acabe un «cuadrito» para Florimond Robertet, el secretario de Luis XII, *La Virgen de la rueca*.

Leonardo intenta ganar tiempo (pero se trata de un mes «como mucho») con el pretexto del compromiso que tiene con el rey de Francia y su pasión por las matemáticas. Es interesante observar que todo esto ocurre en pocos días, y que incluso actúa con rapidez ante la petición de Ercole d'Este, escrita en Ferrara el 19 de septiembre, al Gobierno francés en Milán para obtener los moldes para la fundición del monumento Sforza. El 24 de septiembre, el embajador de los Este tiene ya una respuesta favorable del cardenal de Ruán, que le aconseja, no obstante, que se dirija directamente a Luis XII. Leonardo, que está en Florencia con Pacioli, sigue consagrado a sus estudios de aritmética y de geometría. En el folio donde

Los niños jugando (*superior*) son un tema frecuente en la obra de Leonardo, que además de tener un contenido pagano y esotérico, también incluye elementos teológicos, como su relación con el cordero. Podemos ver influencias de sus obras en las versiones que Rafael pinta de la *Sagrada Familia* (*inferior*, detalle).

encontramos los estudios para *El Niño Jesús jugando con el cordero* (probablemente de 1501) y para un laminador de oro y plomo, copia escrupulosamente un extracto de la versión latina de un códice de geometría de Savasorda (un judío español de origen árabe al que Pacioli conocía bien). Tres años más tarde, el poeta y humanista napolitano Pomponio Gaurico escribirá en *Sobre la escultura* que Leonardo es «el más conocido de los émulos de Arquímedes».

Entre las decenas de versiones de *La Virgen de la rueca*, sobre todo dos parecen realizadas en el taller de Leonardo, según los dibujos del maestro y con su participación (*superior*). Su composición es idéntica, ya que ambas giran alrededor del eje de las diagonales y tienen dimensiones semejantes.

De viaje para César Borgia

En la primavera de 1502, Leonardo está en Florencia, pero trabaja para los franceses y para los señores de Mantua. Acaba de cumplir cincuenta años. Abandona la ciudad al verano siguiente. Por su interés por las artes y las ciencias militares, se pone al servicio de César Borgia (el hijo del papa Alejandro VI), llamado el Valenciano, porque el rey de Francia le concedió el título de duque de Valencia. César está decidido a crear, con la protección de los franceses, un estado fuerte en Italia. Estaba junto a Luis XII cuando este último hizo su entrada triunfal en Milán y, precisamente, en esa ocasión conoció a Leonardo. En un decreto en forma de carta patente, oficializado en la corte del rey de Francia, en Pavía lo nombra «excelente y muy querido arquitecto e ingeniero general».

El Valenciano, que se nombra a sí mismo confaloniero de la santa Iglesia romana, príncipe de Romagna y señor de Piombino, encarga a Leonardo el estudio de las villas y fortalezas de sus dominios y ordena a todos sus condotieros e ingenieros prestarle todo su apoyo. La nueva tarea de Leonardo, por tanto, no disgusta a los franceses, mientras que los florentinos intentan usar a Maquiavelo, gran amigo de Leonardo, para controlar las ambiciones de poder de César Borgia y preservar la libertad de Florencia.

Antes del 18 de agosto y en los meses siguientes, Leonardo recorre Emilia-Romagna, Marcas, Umbría y, naturalmente, la Toscana. Escribe sus notas del viaje en un cuaderno de apenas 11 × 7 cm (el manuscrito L). Así, el 30 de julio dibuja un palomar en Urbino, donde también estudia las escaleras de Lausana, la capilla del Perdón de Bramante y realiza un plano preciso, con brújula, de las fortificaciones, en cuatro páginas y con una habilidad impresionante. Los días siguientes menciona la Biblioteca de Pesaro. El 8 de agosto estudia la armonía musical de los chorros de agua de la fuente de Rimini; el día 10 y 15 de agosto, en Cesena, destaca la feria, anota sus reflexiones sobre la arquitectura, esboza un plano de las murallas junto con una serie de cálculos; por fin, el 6 de septiembre, a las tres de la tarde, se sumerge en estudios para el puerto de Cesenatico...

Las diferencias de estos dos cuadros de la *Virgen de la rueca* son muy claras en la ejecución del rostro de la Virgen y del paisaje. La simbología de la rueca representa el devenir cósmico; el hilo, el destino; la doble cruz, la pasión y el árbol de la vida.

❝[Leonardo] tuvo un papel decisivo en la campaña de Borgia [*superior*], que culminó con el ascenso al poder del más penoso y desleal de los protagonistas de la Romagna. Ni una línea de sus notas va en contra de los acontecimientos de esos días. La similitud con la actitud de Goethe durante la campaña de Francia es evidente.❞
Sigmund Freud

Carta patente y salvoconducto de César Borgia a Leonardo, en agosto de 1502 (*izquierda*).

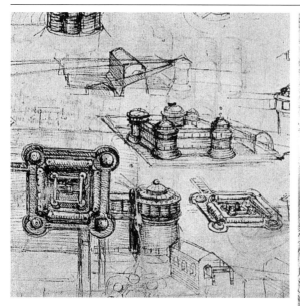

La geografía como arte

El *Mapa de Imola* y el *Mapa físico de Toscana, Emilia y Romagna* son dos de los dibujos más significativos de Leonardo y los mejores ejemplos de interacción entre arte y «ciencia» del territorio. Se trata de dos intentos de compilación que aúnan la investigación sobre el terreno e investigaciones de la cartografía existente con conocimientos de geometría, cosmología, anatomía y estética.

El primero tiene la intensidad de un mandala y parece estar dotado de una vida hormigueante, como si se tratara de un

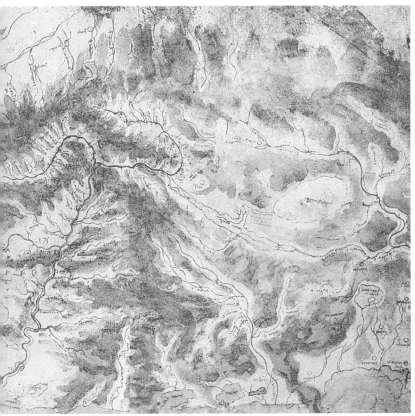

microorganismo; el segundo recuerda a las ramificaciones de un sistema de venas, arterias y vasos capilares. En el *Mapa físico*, presenta una visión original y atemporal, en la que mezcla una topografía poética con la simbología del infinito.

Estas geografías a vista de pájaro ilustran la supremacía del conocimiento, de las perspectivas mentales y simbólicas, así como del poder intelectual y estratégico. Recuerda al paralelismo que Maquiavelo establece entre «aquellos que dibujan el país» y el Príncipe, «para conocer la naturaleza de los pueblos».

El 24 de octubre de 1503 se inicia en Florencia una nueva peripecia de la vida de Leonardo: recibe

Leonardo dibuja las fortificaciones como geometrías funcionales (página anterior, *superior*), la hidrografía de la Toscana (*superior*), como una anatomía de la tierra, y el mapa de Imola (página anterior, *inferior*), como una «máquina urbana» cerca de la cual el poder vital del río azota el territorio.

la llave de la sala del papa en Santa
Maria Novella, que se convierte
en el taller donde realizará el cartón
de *La batalla de Anghiari*, destinado
a adornar las paredes del palacio de la
Señoría. Los documentos de archivos
y los memorandos de Leonardo,
así como la historiografía y la
leyenda han hecho célebre esta obra
pintada en la pared de la nueva sala
del Gran Consejo, hoy perdida.

La escuela del mundo

El 30 de agosto de 1504, Leonardo
recibe unas cantidades de material
y de colores que confirman el
carácter grandioso del encargo,
que tendría un tamaño de más
de 7 × 17 m. Debe representar
la victoria florentina de 1440
contra los milaneses, dirigidos
por Niccolò Piccinino. También

es un desafío que se lanza a sí mismo, a Florencia y a sus rivales, y todavía más si se tiene en cuenta que Miguel Ángel, que siempre ha estado en su contra, ha recibido el encargo de una pintura de *La batalla de Cascina* en la pared contraria: juntos habrían creado, para la pintura, *la scuola del mondo*, un modelo para los artistas venideros.

Así nace el «grupo de los caballos», un núcleo de violencia y furor. La tradición romántica afirma que la primera parte de la pintura, una vez realizada sobre la pared de la sala, quedó destruida durante uno de los experimentos de Leonardo: habría encendido un fuego para secar la pintura, a la manera antigua, y los colores se habrían alterado, con lo que se habría diluido la obra maestra que acababa de nacer. También se ha hablado de la mala calidad del material que le proporcionaron. En cualquier caso, los documentos atestiguan que la parte central de la batalla («La lucha por el estandarte») siguió siendo visible durante muchos años; de hecho quizás todavía exista, cubierta por los frescos de Vasari, en el salón de los Quinientos.

Se han conservado numerosos dibujos y notas de *La batalla de Anghiari*, como las tres cabezas de esta página y la página anterior, así como copias y estudios de otros artistas, de Rafael a Rubens. Un caballero de *La Batalla* (*superior*), superpuesto a un estudio de «proporciones humanas». El principal testimonio pictórico es el esbozo conocido bajo el nombre de Tavola Doria (*página anterior, inferior*), cuya identificación como «panel experimental» de Leonardo se ha discutido.

Arquitectura militar

Mientras que para la arquitectura religiosa, Leonardo utiliza el octógono y en urbanismo distribuye sus planos en huso, se distingue en la arquitectura militar por el uso del círculo, forma ideal y funcional.

Sin embargo, en los folios que dibujó entre 1502 y 1504, aparece también un repertorio singular de arquitecturas piramidales y estrellas, con escalones, en un plano cuadrado y poligonal, o también con estructuras concéntricas, medio espirales, medio laberintos. Leonardo proyecta sistemas

defensivos muy diversos, tales como pasajes que se inundan o se prenden fuego, y escaleras secretas para prevenir las traiciones... En una misma hoja, además de los dibujos de fortificaciones circulares, toma notas sobre la Luna y la óptica, critica las ideas de Botticelli sobre la perspectiva en el paisaje, nombra a su alumno Salai en tres ocasiones y se interesa por el precio de los animales de carga.

En otoño de 1504, interrumpe de nuevo los trabajos para *La batalla de Anghiari* y se dirige a Piombino. Apunta que trabaja el 20 de noviembre y que el día de *Ognisanti* (Todos los Santos) de 1504, hace «al señor de Piombino esta demostración». Su primer proyecto «estructurado» consiste en un «camino cubierto» entre la ciudadela preexistente y la torre que concibió, y en un «foso de bordes rectos», entre la nueva torre y la «puerta» de la ciudad, además de una zanja de 380 m entre la ciudadela y la Rochetta. Establece un presupuesto: para la torre (con 20 brazas de altura y un diámetro de 25), 585 ducados; para el conjunto, 2099 ducados y 1/16. En el mismo folio, encontramos algunas notas sobre la teoría de la pintura («las tinieblas son la privación de la luz...»), y sorprendentes observaciones sobre el oído, el olor y la vista de los gatos, como por ejemplo, sobre su «poder visual».

Las notas de arquitectura del manuscrito II de Madrid revelan sus interesantes relaciones con los ingenieros de Siena y Florencia (Antonio da Sangallo está en Piombino con Leonardo e interviene en sus notas sobre la navegación con vela). Leonardo

En Piombino, delante del mar, Leonardo dibuja unas olas (*superior*) mientras estudia una página de Francesco di Giorgio. En otra parte, las fortificaciones militares aparecen como decorados metafísicos o ciudadelas ideales (*centro*).

estudia los tratados de Francesco di Giorgio, anota o dibuja en el margen sus reflexiones, copia pasajes, los anota y adapta los dibujos a su proyecto para el puerto de Piombino.

Entre Florencia y Milán

En los primeros meses de 1504, Leonardo trabaja en *La batalla de anghiari* y recibe los pagos correspondientes. En esa misma época, compra

••Ese miércoles 9 de julio de 1504, a las siete, murió Ser Piero da Vinci, notario en el Palagio del Podestà, mi padre, a las siete; tenía ochenta años. Deja diez hijos y dos hijas.••

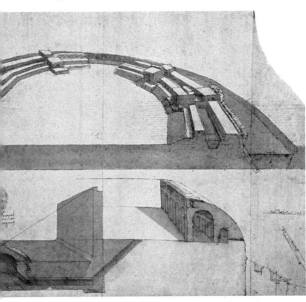

La frase casi burocrática (*superior*) que anota Leonardo en escritura «normal» (y no invertida) cuando su padre muere en Florencia sólo es fría y distante en apariencia: sus insistencia en recalcar la hora de la muerte delata su emoción. Ser Piero no lo incluyó entre sus herederos, pero al mes siguiente, su tío Francesco lo convierte en su heredero universal.

dieciocho «cuadernos» para sus notas y recibe de Isabella d'Este el encargo de un Cristo niño, pero será Salai quien se ofrezca a hacer «algo galante» para la marquesa.

Leonardo vuelve a Vinci más a menudo de lo que podría parecer: proyecta cavar un lago en mitad de las colinas, estudia el molino de la Doccia, dibuja la línea de las colinas del Montalbano, calcula las distancias hasta Pisa. En las mismas hojas, toma notas sobre la manera de moler los colores y dibuja un farol regulable con «aceite de piedra» (petróleo) para pintar. Anteriormente, ya había concebido un

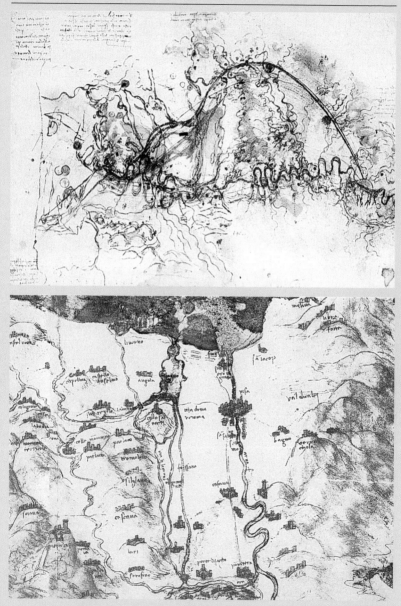

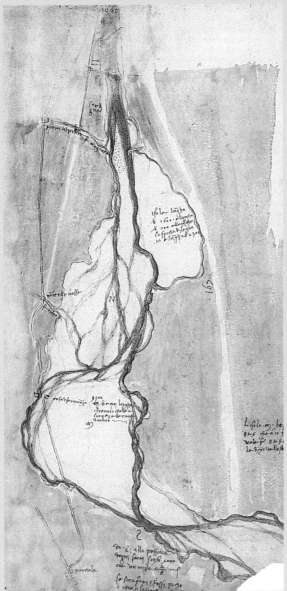

Este ambicioso proyecto que Leonardo persigue desde hace treinta años es, en realidad, *Land Art*, es decir, transformación del territorio. Leonardo piensa, en efecto, en un sistema hidráulico que comunicaría prácticamente todos los centros vitales de la Toscana, lo que aseguraría la regulación del agua, la mejora de las tierras, la irrigación y permitiría desarrollar las actividades productoras, los transportes y el comercio. Sin olvidar las aplicaciones militares, esta red podría servir de defensa contra invasores o privar a Pisa (enemiga de Florencia) de la posibilidad de abastecerse por mar. Las obras para desviar el Arno lo más posible de Pisa, y para dividirlo en dos canales hacia el *stagno* («estanque») y hacia el mar con un dique en la Torre ad Fagiano se inician el 22 de agosto de 1504, según los planos de Leonardo y con el apoyo de Maquiavelo. Pero este proyecto está abocado al fracaso y a la burla. Tres estudios de alrededor de 1503: una primera idea «gestual» (página anterior, *superior*); el territorio de Pisa y Livorno (página anterior, *inferior*); una «anatomía» del Arno al pasar por Florencia (*izquierda*).

taller de pintura con paredes móviles para regular la luz natural y un montacargas para guardar el cuadro al final de la jornada.

El arbitraje en el asunto de *La Virgen de las rocas* (un encargo de 1483) tuvo lugar el 27 de abril de 1506: Leonardo y Ambroglio de Predis tienen obligación de acabar la obra en un plazo de dos años. Leonardo se encuentra entonces en Florencia, donde *La batalla de Anghiari* acapara todo su tiempo. Su tío Amadori («Alessandro, canónigo de Fiesole») intercambia una correspondencia amistosa con Isabella d'Este sobre el tema de «esas figuras» que ha encargado a Leonardo. Sin embargo, el 30 de mayo de 1506, a petición apremiante del Gobierno francés, Leonardo puede interrumpir la ejecución de *La batalla* para ir a Milán. Se compromete a volver antes de tres meses en un contrato que no respetará: el 18 de agosto, Charles d'Amboise, gobernador de Milán, teniente del rey y mariscal de Francia, le pide por primera vez que prolongue su estancia.

Entonces, se inicia un tira y afloja diplomático entre florentinos y franceses. El 14 de enero de 1507, por fin, Luis XII hace saber, desde la corte de Blois, que desea que concedan el tiempo necesario a Leonardo para que pinte «alguna obra de su propia mano». Así, el 22 de enero, la Señoría de Florencia se ve obligada a comunicar a Leonardo su acuerdo: «No hay nada más que decir». El artista parece crear un problema político internacional.

En ese período, se desplaza continuamente entre Toscana y Lombardía. En marzo, está en Florencia, en mayo, en Milán, después vuelve de nuevo a Florencia y, por último, a Vinci: su tío Francesco, que le ha convertido en su único heredero, ha muerto, y sus hermanos quieren disputarle la herencia. Se inicia entonces un conflicto lleno de rencor, en el que Leonardo se rodea de poderosos protectores. Charles d'Amboise interviene desde Milán a su favor y Florimond Robertet pide a la Señoría de Florencia que resuelva lo antes posible la cuestión por la que autorizaron a Leonardo, «pintor del rey», a interrumpir la elaboración de «un cuadro que [al rey] le resulta muy querido».

Antes de abandonar Florencia, Leonardo proyecta una arquitectura utópica monumental (*superior*) que recuerda a la del siglo de las luces. Este mausoleo se inspira, de hecho, en un túmulo etrusco (parecido al descubierto en Castellana, en Chianti, el 29 de enero de 1507). La rueda simbólica con radios cruciformes dibujada sobre el mapa es una «multiplicación» de esa tumba y se pueden ver, en sección, los detalles del sepulcro. Leonardo busca formas universales que, como pensaba Palladio en el caso del Panteón de Roma "llevan en sí mismas la figura del mundo"».

A principios de 1508, Leonardo envía a Salai a Milán: «El litigio con mis hermanos ha llegado casi a su fin y pienso reunirme contigo en Pascua y llevarte dos madonas de dimensiones diferentes, iniciadas para el rey más cristiano o para quien las quiera», escribe en *El Códice Atlántico*. Dos temas de la época florentina podrían encajar con estos cuadros: *La Virgen con santa Ana* y *La virgen con los dos niños que juegan*. ¿Qué obras

Durante sus excursiones, Leonardo continúa sus estudios de la naturaleza, que pone en práctica en su *Códice sobre el vuelo de los pájaros* (*superior*, un detalle) o que usa en sus croquis de flores para Leda. En *Leda y el cisne* (páginas siguientes), reconocemos juncos de las marismas, un sapo (símbolo de muerte), una prímula, una margarita (prueba de amor), la aguileña (amor oculto) y el jazmín (homenaje al amor). Continúa trabajando sobre el tema de la *Sagrada Familia con santa Ana*, cuyo cartón (*izquierda*) se ha conservado; no corresponde a ningún cuadro autógrafo, sino a sus obras de taller.

empezó Leonardo para los franceses en Milán? En una carta que dirige a la Señoría de Florencia, el 16 de diciembre de 1506, Charles d'Amboise declara «haber» amado a Leonardo por sus «excelentes obras» antes incluso de conocerlo, y que, a pesar de ser «ya célebre en pintura», no lo es por los otros dones que posee, en particular, por sus «dibujos, arquitecturas y otras cosas». Por supuesto, los estudios para su villa forman parte de ellos. ¿Y el cuadro destinado al rey? ¿El que fue «interrumpido» en Milán?

Leonardo, Rafael y la *maniera moderna*

Durante sus años florentinos, Leonardo influye manifiestamente en artistas toscanos como fra Bartolomeo y Andrea del Sarto por su «suavidad» y por el tratamiento de la relación entre espacio y luz. Por otro lado, se atribuyen algunas obras de la escuela leonardesca e interpretaciones de temas de Leonardo a Bachiacca, a Franciabigio, a Bugiardini... Vasari atestigua que Pontormo (que entonces no tiene más de doce años) se convierte en su alumno y ve en Leonardo una anticipación del manierismo. Desde Siena a Valencia los discípulos

Se ha conservado un amplio repertorio sobre el tema leonardiano de Leda-Némesis y el cisne: dibujos autógrafos de los años 1504-1513, con Leda de rodillas (página anterior, *inferior*) o de pie; copias (como el dibujo de Rafael, página anterior, *derecha*) y versiones de taller (*izquierda*) o de diversas escuelas, interpretaciones con variantes como la de Pontormo (página anterior, *izquierda*); grabados; esculturas, citas literarias... Alrededor de este tema, Leonardo pone en marcha un poderoso mecanismo de síntesis y de sus investigaciones formales, de la unión entre tierra y cielo a la conjunción entre agua y fuego. Leda es la naturaleza nutricia, la mujer, símbolo de la fertilidad, y la madre Tierra de los orígenes; pero también es Némesis, hija de la noche y hermana de la muerte, símbolo de pudor y de fecundidad, que surge de la marisma cerca de la fuente de vida; Zeus, el padre de los dioses y metamorfoseado en cisne, la ama. De dos huevos, fruto de esta unión, nacen los Dioscuros (el divino Pólux y el mortal Cástor), Helena y Clitemnestra, símbolos de belleza y de vanidad.

de Leonardo difunden su manera y su repertorio iconográfico, de *La batalla de Anghiari* a las *Vírgenes con los dos niños que juegan*, o a *La Virgen de la rueca*. Rafael prestará una atención extraordinaria a esas obras y a otras composiciones de Leonardo; sus interpretaciones de *Leda* o de la *La dama en el balcón*, que sin duda son anteriores al 1506, no implican la existencia de tales obras pintadas por Leonardo hasta 1505, sino tan sólo que había estudios tan fulgurantes que impresionaron fuertemente al joven pintor de Urbino: encontramos evidentes puntos en común entre *La Gioconda* y la *Magdalena Doni*.

En septiembre de 1508, Leonardo, pintor del rey de Francia, abandona definitivamente Florencia. Su regreso a Milán le abre nuevos horizontes de reflexión y de investigación: «No pienso dar pruebas ahora, sino que las mostraré una vez el trabajo esté en orden; me ocuparé sólo de pensar en problemas e inventos [...]. No te rías de mí, lector, si doy grandes saltos de un tema a otro».

CAPÍTULO 5

MILÁN, ROMA, AMBOISE

••Leonardo da Vinci, espejo profundo y oscuro, / donde los ángeles encantadores, con una dulce sonrisa/ Cargada de misterio, aparecen en la sombra / De los glaciares y los pinos.••

Baudelaire,
Las flores del mal

El mito rodea al artista, y lo presenta como un anciano sabio, casi un mago, medio Platón, medio Fausto. El autorretrato probablemente más auténtico, que data de h. 1515 (Leonardo tiene entonces sesenta y tres años) (página anterior). *La muchacha que señala más allá de lo visible* (*derecha*).

El 22 de marzo de 1508, Leonardo vive todavía en Florencia, «en la casa de Piero di Braccio Martelli», con el escultor Giovanni Francesco Rustici, a quien aconseja sobre la elaboración de tres bronces destinados al baptisterio (*La predicación de san Juan Bautista*). Entonces, empieza a reunir sus notas para una obra que formará parte del *Códice Arundel*: «Será una recopilación sin orden, fruto de numerosos libros que he copiado con la esperanza de clasificarlos».

Manuscritos elaborados como hipertextos

En este período, deja expuestas en una nota diversas observaciones sobre su método, así como sus aprensiones, sus dudas y sus escrúpulos: «Ocúpate mañana de todas estas materias, cópialas, después marca los originales con una señal y déjalos en Florencia, de manera que aunque pierdas lo que lleves contigo, la creación no corra la misma suerte.»

El 12 de septiembre, en Milán, inicia el manuscrito F con unas notas de astronomía, de óptica, una teoría de las sombras, observaciones de geología, de hidráulica, reflexiones sobre el vuelo de los pájaros y las mezcla con referencias a Alberti y a Vitruvio.

El *Códice Leicester*, un manuscrito del período de transición entre Florencia y Milán, es fundamental para conocer el método de recopilación de Leonardo: recoge notas y reflexiones aisladas, recuerdos autobiográficos, citas de fuentes antiguas y contemporáneas, referencias a otros códices, extractos de sus libros o cuadernos; los une a observaciones, replanteamientos y juicios, resúmenes de discusiones y de nuevas experiencias, con el objetivo de componer un nuevo corpus sistemático y definitivo. Procede mediante hipótesis e

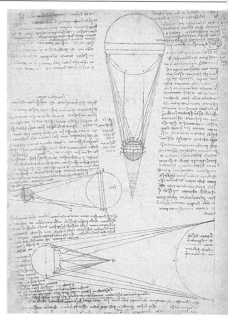

En el *Códice Leicester*, Leonardo estudia astronomía y tiene intuiciones originales, como el halo de la luna nueva.

interrogaciones. Las vueltas atrás, los subrayados, añadidos y tachaduras que interrumpen el flujo de las frases demuestran la extraordinaria espontaneidad de la escritura y de los dibujos.

El pintor y la óptica: «Aquí se muestra la experiencia que engendra la certeza»

La óptica se encuentra en el centro de las preguntas de Leonardo sobre la teoría y la práctica de la pintura. Ya en 1490, en el manuscrito C, se mostraba interesado y se engancha de nuevo en la época de *La batalla de Anghiari*, concretamente en el manuscrito D, de los años 1508-1509. Para él, «la pintura está en conexión con los diez atributos de la visión: oscuridad, claridad, materia, color, forma, posición, alejamiento, proximidad, movimiento y reposo».

El ojo también es un instrumento geométrico «según las leyes matemáticas», que quiere conocer mediante el estudio, a partir de su experiencia directa, de las fuentes tradicionales: Galeno, Avicena, Al-Hazin, Bacon, Pecham, Witelo, Ghiberti y Alberti. En consonancia con a Alberti, incluso aunque discuta su validez, Leonardo atribuye una importancia primordial a la teoría de la pirámide visual a partir del radio central, en eje con el centro de la pupila. Aplica esta visión en perspectiva y piramidal a muchas de sus reflexiones sobre la luz, el color, el sonido, la gravedad... ¿El punto de fuga en perspectiva coincide con el punto de silencio en acústica?

En sus primeros estudios acepta la idea de los antiguos de que el ojo ve porque emite «cohetes visuales» hacia los objetos por lo demás, comparte la concepción medieval según la cual el ojo recibe rayos de luz semejantes a partículas que emiten los objetos. Por último, en el manuscrito D, afirma que «la virtud visual no se reduce a un punto, como dicen los pintores de perspectiva» y, en el manuscrito F continúa explicando que se «extiende sobre toda la pupila del ojo».

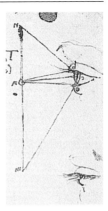

Leonardo realiza diversos experimentos sobre el ojo y los rayos luminosos (*superior*). Elabora cámaras ópticas, coloca una aguja o una paja fina a distancias precisas en un cartón perforado e imagina sistemas complejos de intersección y de refracción con la ayuda de lentes, de bolas de cristal (página anterior, *inferior*) y de espejos para simular la estructura y las funciones del ojo. Sin tener una idea exacta del papel de la retina, ni comprender el fenómeno de inversión de las imágenes, hay una notable intuición cuando apunta que «el sentido común» no transmite imágenes exactas al intelecto. Aplica a su pintura sus observaciones sobre la anamorfosis, las perspectivas compuestas y la variedad de las formas aparentes.

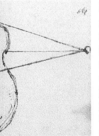

La mecánica del universo

El análisis de las fuerzas, del peso
y del movimiento, de la inercia,
del equilibrio y del principio de la
balanza ofrece a Leonardo ejemplos
de mecánica del universo y de
esta armonía de las proporciones
que aplica tanto a la música como
a la arquitectura y a sus ejercicios de
observación. A través del estudio de la estática
y la dinámica, reexamina las teorías de la Antigua
Grecia y de la Edad Media. En el manuscrito I, al
preguntar «¿Cuál es la causa del movimiento? ¿Qué
es el impulso y qué es la percusión?», revela sus
primeras fuentes clásicas. Al tomar como ejemplo
el «peso de una mota de polvo», renueva su
admonición: «No os fiéis de los autores», y concluye
que «las apariencias son engañosas para quien les
pide cosas que no están en su poder».

Antes de 1500, Leonardo discute a Aristóteles y
critica a Alberto de Sajonia; retoma durante un tiempo
las concepciones de finales de la Edad Media, las de
Buridan y las de Oresme, conoce al milanés Marliani
y, hacia 1508, vuelve de nuevo a Aristóteles y a los
pensadores de la Antigüedad clásica, dedicando,
tal vez, a distinguir los valores de los antiguos
de las imitaciones difundidas por sus divulgadores.

Los jardines de las delicias

Su proyecto de villa para Charles d'Amboise
en San Babila da a Leonardo la ocasión
de abordar el tema de los «juegos de agua»
y de los «jardines de las maravillas».
Se inspira en las fuentes célebres de los
Antiguos, como la de Herón, de Alejandría,
y revisa los códices de los ingenieros
de Siena Taccola y Franceso di Giorgio.
En uno de sus proyectos, describe todo tipo
de efectos y de trucos, desde un enfriador para
el vino hasta pequeños chorros de agua que
surgen de improviso bajo los vestidos de las
damas, instrumentos de música accionados

Leonardo estudia
las fuerzas y el
equilibrio en esbozos
casi estenográficos
(*superior*) y da
a sus fuentes y a sus
linternas (*inferior*)
el aspecto de
maquetas animadas
por arquitecturas
monumentales.

Esta pequeña pintura
(página siguiente,
inferior izquierda)
se ha identificado como
la «joven despeinada,
boceto, obra de
Leonardo da Vinci»,
mencionada en los
inventarios de los
Gonzaga de 1627. Está
«dibujada» en parte con
el pincel, y también en
parte está «iluminada
con blanco de cerusa»
sobre madera no
preparada. Al contrario
de lo que sucede con
otras pinturas, es la
única obra en la que
Leonardo improvisa.

NATURART
Apartado F.D. 566
08080 BARCELONA

SERVICIO GRATUITO DE INFORMACIÓN

Nombre y apellidos _____

Dirección _____

Población _____

Provincia _____ C.P. _____

Profesión _____

e-mail _____

¿CÓMO CONOCIÓ ESTE LIBRO?

☐ Reseña crítica en prensa   ☐ Anuncio prensa   ☐ Escaparate   ☐ Librería   ☐ Bibliotecas

☐ Recomendación personal   ☐ Catálogo   ☐ Internet

Teléfono _____

Deseo recibir, sin compromiso alguno, información bibliográfica de los siguientes temas:

☐ ARTE, HISTORIA, RELIGIÓN   ☐ ARQUITECTURA   ☐ ECOLOGÍA   ☐ DEPORTES

☐ FOTOGRAFÍA, FOTOPERIODISMO   ☐ VIAJES   ☐ VIDA NATURAL   ☐ EMPRESA

☐ TALLER DE ARTE   ☐ JARDÍN   ☐ ENOLOGÍA   ☐ INFANTIL, JUVENIL

☐ DECORACIÓN, INTERIORISMO   ☐ NATURALEZA   ☐ GASTRONOMÍA   ☐ EDICIONS EN CATALÀ

Otros temas de su interés _____

Deseamos facilitarle un servicio gratuito de información sobre nuestras publicaciones.
Le agradecemos su amable colaboración.

BLUME

BLUME-NATURART, S.A. - Avda. Mare de Déu de Lorda, n.° 20 - 08034 Barcelona. Tel. 93 205 40 00 - Fax 93 205 14 41
E-mail: info@blume.net. Consulte nuestro catálogo on line en Internet: www.blume.net
(incluimos nuestras novedades 24 horas después de su publicación). Servicio gratuito de información. La información que
usted nos facilita permitirá adecuar nuestras ofertas a sus intereses y quedará recogida en nuestro fichero. Usted tiene
derecho a acceder a esta información y cancelarla o modificarla en caso de ser errónea.

IMPRESO EN PAPEL RECICLADO

por molinos hidráulicos al concierto
de perfumes naturales. El jardín
estaría recubierto por un enrejado
muy fino de cobre que contendría todo
tipo de especies de pájaros. Estas ideas
presentan sorprendentes similitudes
con las invenciones del jardín de
los Medici en Pratolino. Leonardo
dibuja también para la villa de Charles
d'Amboise un colosal reloj hidráulico
con un autómata que da las horas.

Describe un jardín fantástico donde
los inventos mezclan naturaleza y artificio, en
un proyecto para la «sede de Venus», que relaciona
con la isla de Chipre. Tal vez sueñe con el decorado
«de una historia de bacantes, de sátiros, de faunos
y de cosas salvajes» que el arzobispo de Chipre,
un Aldobrandini, pedirá en 1516 a Perin del Vaga
para su jardín romano.

Del abrazo de Jesús
y de Juan Bautista,
tema inspirado por los
evangelios apócrifos,
que mezcla lo sagrado y
lo esotérico, se conocen
numerosas versiones
de pintores leonardescos
(de Marco Oggioni,
antes de 1513, a los
flamencos), pero
ninguna realizada por
Leonardo. Esta pintura
en madera (*superior*),
inédita, deja entrever,
a pesar de los retoques,
una gran calidad.
También hay varias
versiones de escuela
del *Salvator Mundi*
con gesto de bendecir
(*inferior*, la más
significativa, y detalle
en página 111), del
que se han conservado
dibujos autógrafos.

Después de *La Virgen de las rocas,* Leonardo retoma y acentúa el efecto de aura mágica e irrealista que emana de ella en diversos temas pictóricos fundamentales, medio sagrados, medio dionisíacos. El *pathos* de *La adoración* y de *La Última Cena* queda lejos: ahora nos encontramos con apariciones hieráticas y ambiguas, inquietantes, llenas de alusiones el gesto señala a lo que está más allá de lo visible, lo que proyecta una energía carismática y misteriosa. El *Baco* (página anterior, *superior e inferior*) era originalmente un *San Juan Bautista en el desierto,* que se retocó en el XVII. Otro *San Juan Bautista (centro),* autógrafo, inspiró en el siglo XIX la poesía del decadentismo por su carácter esotérico y andrógino, incluso «diabólico». Es la cumbre de la poética leonardiana del enigma. El *Ángel de la Anunciación (inferior),* reinterpretado por un alumno a partir del dibujo de Leonardo, muestra por fin «el sexo de los ángeles» al dotar a la figura de un miembro viril. En el reverso, se leen unas palabras en griego, escritas de puño y letra de Leonardo, sobre la representación de lo invisible.

El monumento de Trivulzio

En una hoja de *El Códice Atlántico* figura un
presupuesto de Leonardo sobre el «Sepulcro
de Messer Giovanni Jacomo da Trevulzo»,
que asciende a 3.046 ducados. Este documento
ha permitido distinguir, entre los proyectos
que se habían diseñado veinte años antes para
el monumento Sforza, una serie de estudios que
corresponderían de hecho al testamento de Gian
Giacomo Trivulzio y que destinaría 4.000 ducados
a la edificación de su monumento funerario en
San Nazaro, Milán. Adversario desde 1488 de
Ludovico el Moro, cuya caída llegó a favorecer,
Trivulzio había conseguido que lo distinguieran con
el título de mariscal de Francia, marqués de Vigevano
y señor de Milán. El título volvió enseguida después
a Charles d'Amboise (con quien no había quedado
en muy buenos términos). Datado de entre los años
1508 y 1511, los dibujos de Leonardo muestran
el proyecto conjunto que incluye columnas con
«prisioneros encadenados» (como en el monumento

En varios estudios
para un monumento
ecuestre vemos a un
caballo encabritado,
(*inferior*). Otros
(*superior*) presentan
a un caballo al paso,
bajo cuya pezuña
se ve una tortuga
que evoca a los Medici,
y un jarrón que vierte
agua en una fuente
destinada a exorcizar
la muerte.

de Miguel Ángel a Julio II):
para él es la ocasión de retomar,
incluso en dimensiones
reducidas, la idea del monumento
ecuestre para los Sforza.

La anatomía en tres dimensiones

Durante el invierno de 1510,
Leonardo cuenta con acabar
su nueva serie de estudios
anatómicos que representa un
cambio de tendencia y una clara
evolución respecto a los dibujos
de 1489. Al hacer prevalecer
la exactitud de la observación
directa sobre cualquier
deducción o decisión tomada,
no se limita a una simple visión:
procede como si se tratara de
filmar un objeto tridimensional,
gira alrededor, muestra las fases
de una descomposición
progresiva de la máquina humana, con vistas en
corte y secuencias en las que aísla algunas partes
y órganos para desvelar mejor la «armadura» del
esqueleto o, al contrario, conserva el envoltorio
muscular para poner en evidencia la estructura
y los componentes del cuerpo-máquina.

Visualmente, estas planchas, que entrelazan según
un proceso analítico las preocupaciones estéticas
y la quintaesencia «científica», dan la impresión de
ser de una formidable modernidad. Los fragmentos
de escritura en espejo contribuyen al efecto
artístico, e incluso las «cosas monstruosas» expresan
una suprema belleza. Los tres ángulos visuales
preestablecidos por el artista se convierten en
ocho puntos de vista, se hacen un artificio lógico
secuencial, rítmico, casi «fotodinámico». Sin
embargo, cuando el espectador mira el dibujo, su ojo
transgrede «naturalmente» las reglas de la geometría
para encontrar las mejores posiciones, lo que recrea
una visión ideal. La incomparable calidad figurativa
de los estudios anatómicos de Leonardo sobrepasa

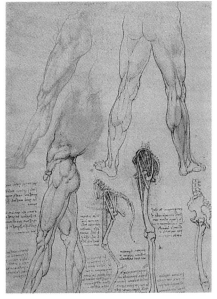

La contribución de
Marcantonio della
Torre, doctor en
Anatomía en la
Universidad de
Pavía, en los estudios
anatómicos de
Leonardo fue
sin ninguna duda
importante. Los
extraordinarios dibujos
de los miembros del
hombre y del caballo
(*superior*), o de
las ramificaciones
pulmonares y de las
venas, que establecen
analogía con los
árboles y los ríos
se han granjeado
la admiración de
Marcantonio
della Torre.

todas sus teorías: «Cuanto más
minuciosa sea tu descripción
[verbal], más embrollarás
el espíritu del lector».

De la Valtellina a Vaprio d'Adda

Leonardo estudia el territorio
lombardo, en particular, la
hidrografía de los canales de San
Cristofano y de la Martesana,
del lago de Iseo, del río Oglio,
y, sobre todo, del Adda con
los Tre Corni, en Trezzo y en
Vaprio, donde se hospeda en la
villa Melzi, para la que concibe
un proyecto de ampliación.
Realiza cartografías de las
inmediaciones de Bérgamo
y Brescia, de la Valtellina hasta

los «confines de Italia». Mide los desniveles
de los lagos de la Brianza, busca nuevas vías de
comunicación más cómodas entre Milán y Francia,
por ejemplo, a través del río Lambro y el lago de
Como. Leonardo concibe proyectos audaces con
diques y canales cubiertos, para los que valora por
adelantado las posibles ganancias, como con la
desviación del Arno. En 1516, Francisco I financiará
finalmente un proyecto para hacer navegable el
Adda, que se llevará a cabo a finales del siglo XVI,
lo que demuestra que su idea no era ninguna locura.

La imagen del
transbordador del Vaprio
(*superior*), que une
la villa con Canonica,
es de una sencillez y
de una verosimilitud
extraordinarias.

1513: en el belvedere del Vaticano

En 1511, Leonardo observa los incendios provocados
en Desio por las milicias suizas, que, el año siguiente,
permitirán la subida al poder de Massimiliano
Sforza, hijo de Ludovico el Moro. Los franceses
se retiran definitivamente en septiembre de 1513.
A pesar de sus antiguos vínculos con los Sforza,
se considera que Leonardo está comprometido con
el servicio del rey de Francia. En Florencia, la Santa
Liga devuelve al poder a Giuliano de Medici (en otro
tiempo, aliado de los franceses y amigo de Leonardo),
antes de conseguir que se elija al cardenal Giovanni

de Medici, en el mes de marzo de 1513, con el nombre de León X. Ser Giuliano da Vinci, hermano de Leonardo, colaborará con artistas como Pontormo y Andrea del Sarto en la puesta en escena de las grandiosas celebraciones que Florencia organiza en honor del nuevo papa. El 24 de septiembre de 1513, Leonardo abandona Milán por Roma, en compañía de Francesco Melzo, Salai, Lorenzo e «il Fanfoia».

En el mes de diciembre, su nuevo protector, Giuliano el Magnífico, conocedor de las artes y de las ciencias, le proporciona un taller en el belvedere del Vaticano: los hijos de Lorenzo de Medici parecen ofrecerle por fin las oportunidades que su padre no le había concedido treinta y dos años antes. Se encuentra con el músico Atalante Migliorotti, administrador entonces de la cantera de San Pedro, con numerosos amigos y discípulos, como Bramante o Cesare da Sesto, y también con Rafael. Allí se encuentra también su rival Miguel Ángel, que está pintando *El Diluvio* en la cúpula de la Capilla Sixtina. Leonardo está seguro de que aquél apenas soporta su presencia: sus ideas sobre la pintura y el dibujo de fenómenos de la naturaleza (donde se mezclan lo simbólico y la psicología) que precisa entonces en sus notas sobre «la forma adecuada de describir una tormenta» o representar un Diluvio, son radicalmente diferentes.

«Antiguallas» e innovaciones

Leonardo está entonces inmerso en la Antigüedad y la mitología. Dibuja la *Ariadna* del belvedere, estudia los bajorrelieves antiguos con ninfas bailarinas, describe las ruinas de los monumentos imperiales, dibuja la célebre Bocca della Verità en el mismo folio en el que traza, en forma de

La alegoría de la Mentira es el tema elegido por Leonardo para este camafeo (*superior*). En el *Huracán apocalíptico* (*izquierda*), expone una «teoría de catástrofes» diferente del extremo caos mecanicista de sus otras representaciones del Diluvio. En medio de trompetas, ángeles y divinidades «resuena» el estruendo de las trombas de agua, la fuerza de los elementos arranca árboles del suelo y derriba a los caballeros; los personajes confundidos son como los de un Hércules niño, mientras que los de la derecha nos recuerdan a los gemelos que surgen de los huevos de Leda.

camafeo, alegorías de la Mentira, enmascarada por el sol de la Verdad. También se le atribuye la restauración de la escultura del *Nilo*, cuyos *putti* recuerdan a los de *Leda y el cisne*.

Continúa también con sus investigaciones científicas, de estética, de mecánica, consagra un estudio a las máquinas para acuñar moneda, se interesa también por los compases y por las conchas fósiles que encuentra en Monte Mario.

Asimismo, en este período sus diseños tecnológicos en tres dimensiones (como la rueda en forma de corona o las máquinas para trenzar cuerdas o para trabajar los metales) evolucionan tanto en la técnica de su trazo, como en la depuración hasta la abstracción de volúmenes y formas.

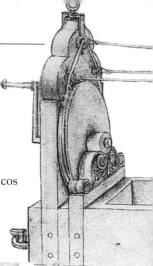

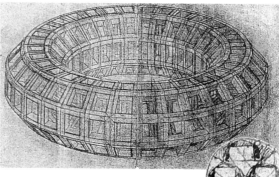

Para representar esta corona con 256 caras (*izquierda*), Leonardo dibuja primero la mitad y después redobla su esquema mediante perforaciones en el papel. La máquina para fabricar las cuerdas (*superior*) es muy decorativa. El trefilador para barras de metal (*página siguiente, inferior*) utiliza una

Metamorfosis geométricas

El 7 de julio de 1514, Leonardo se encuentra «a las 23 horas» en su taller del belvedere, acabando uno de sus juegos geométricos. Estudia entonces las lúnulas y su superficie, así como la cuadratura del círculo, establece relaciones entre estas cuestiones de geometría y sus comprobaciones sobre las «transmutaciones de los cuerpos metálicos» y las metamorfosis de una masa para modelar (una pirámide o un cubo o un cilindro de cera). El concepto de transformación lo apasiona en todos sus aspectos, como la energía hidráulica, que se transforma en energía eólica por la acción de un soplete, o el movimiento alternativo que se

turbina, que marca una evolución en relación con los sistemas de los molinos. Tres lúnulas (*superior*) de lahoja con la nota: «Los Medici me han creado y me han destruido».

transforma en movimiento continuo, como ocurre con las máquinas para levantar peso, o, a la inversa, como con las que se usan para pulir lentes.

Leonardo aplica sus estudios geométricos a la anatomía, a las válvulas cardíacas (en medialuna, con tres puntas) y establece relaciones entre las transformaciones geométricas y las leyes mecánicas. Siempre se ha mostrado entusiasmado por sus «invenciones» matemáticas. En el interior de una lúnula escribe: «Recibí este invento como regalo la mañana de Navidad de 1504». Así, podemos imaginarnos a Leonardo la mañana de un gran día de fiesta, en el momento en el que pintaba *La batalla de Anghiari* y dibujaba un proyecto de desvío del Arno; a pesar de que Isabella d'Este le suplicaba que pintara para ella, él prefería centrarse más bien en el estudio de arcos, triángulos y en la cuadratura del círculo. Entonces, escribe en *El Códice Atlántico*: «Después de mostrar aquí las diversas maneras de convertir los círculos en cuadrados [...], formando cuadrados con una capacidad igual a la del círculo y tras haber enunciado las reglas necesarias para continuar así indefinidamente, empiezo ahora el libro llamado *De ludo geometrico*». ¿Quizá Leonardo, entusiasmado por sus experimentos matemáticos de arte y ciencia, se deje llevar por ilusiones? Sin duda, sabe muy bien que se trata de aproximaciones infinitesimales al límite de «lo que el intelecto puede imaginar». Los juegos geométricos no son para él una simple distracción, sino un arte de gran abstracción.

El historiador Kenneth Clark escribe que «los diseños de juegos geométricos [página anterior, *inferior*] nos incitan a lamentar el tiempo y el genio que Leonardo desperdició de esta forma: las figuras en cuestión tienen tanto que ver con la geometría como los crucigramas con la literatura». Estos juegos geométricos recuerdan, no obstante, que la relación con la ciencia es a menudo una metáfora, una alusión a certezas que permiten proyectarse en la dimensión del arte, más allá de la «razón».

Experiencia lúdica

Un florentino menciona a Leonardo como ejemplo de vegetarianismo por respeto a los animales en una carta que dirige desde las Indias a Giuliano de Medici en 1515. A pesar de esto, en Roma sigue dedicándose a sus «farsas grotescas»: Vasari cuenta

que Leonardo transformó un lagarto vivo en
un monstruo mediante el uso de mercurio y la
confección de unas alas y cuernos con escamas
que había arrancado a otros reptiles. También
explica que, tras reunir a todos los concurrentes
en una habitación, infló con sopletes de ferreteros
disimulados unas horribles tripas transparentes,
«y las llenó de aire» hasta que ocuparon todo
el espacio de la habitación, de manera que
los espectadores se vieron obligados a apretarse
en las esquinas. Lomazzo y Vasari dicen también
que se divierte con juegos encantadores, como el
moldeado en cera de animales muy finos y ligeros,
que después hace volar por el aire soplando.
Leonardo inventa admirables y grotescos vestidos,
dispositivos fantásticos, fantasmagorías....

A la poética de la maravilla y el estupor se opone
la de las luces engañosas y el instinto. Desde
los simples juegos de niños a los juegos de azar,
el artista extrae de los pasatiempos más simples
los fundamentos del experimento, y los traduce
en principios de arquitectura y de ciencia, así,
esto mismo ocurre con la paja que usa para hacer
burbujas de jabón o con los guijarros que lanza
al agua para crear círculos en la superficie...

Pintura y arquitectura, enología y autómatas

Leonardo se ausenta a menudo del Vaticano:
el 25 de septiembre de 1514 está en Parma; el 27,
en la orilla del Po, probablemente como ingeniero en
las costas de Giuliano de Medici, capitán general
de las milicias pontificias. Después, el 8 de octubre,
vuelve a Roma donde es elegido novicio de la cofradía
de San Juan de los Florentinos, que abandonará
enseguida. Sin ninguna duda, podemos datar de
este período el *San Juan Bautista* del Louvre; en esta
época pinta también una *Virgen con Niño* y el retrato
Joven muchacho, no identificados, para el toscano
Baldassare Turini da Pescia; asimismo planea
proyectos para el puerto de Civitavecchia, y, a partir
del 14 de diciembre de 1514, para el saneamiento de
las lagunas pontinas (que Giovanni Scotti da Como
pondrá en marcha el 19 de mayo de 1515).

Leonardo estudia las
metamorfosis de los
felinos y la furia de los
caballos y de los dragones
para un *San Jorge* (*inferior*),
destinado
al rey de
Francia.

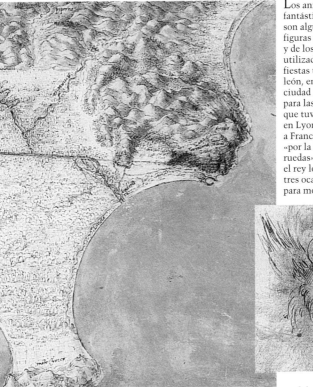

Los animales fantásticos (*inferior*) son algunas de las figuras grotescas y de los autómatas utilizados para las fiestas teatrales. El león, enviado por la ciudad de Florencia para las celebraciones que tuvieron lugar en Lyon en honor a Francisco I, se movía «por la fuerza de las ruedas»: después de que el rey lo golpeara en tres ocasiones, se abrió para mostrar un interior

azul decorado con flores de lis. Éstas remiten simbólicamente al rey del Francia y a la ciudad de Florencia, al león de la ciudad de Lyon, al blasón de Florencia, al papa León X y al propio Leonardo.

En Florencia, dibuja proyectos para las caballerizas del Magnífico, un nuevo palacio de los Medici y la reestructuración de la zona situada entre la Via Larga y San Lorenzo. Inventa el «león mecánico» que será enviado de Florencia a Lyon para la coronación de Francisco I, su futuro y último mecenas, al que probablemente dedica su *Alegoría de la navegación*.

Leonardo menciona en sus notas un acontecimiento determinante: «El magnífico Giuliano de Medici se ha ido a Roma el noveno día de enero de 1515, al romper el alba, para tomar esposa [Filiberta] en Saboya. Ese día llegó la noticia de la muerte del rey de Francia [Luis XIII].» Está en Bolonia en diciembre

Este mapa da una visión «aérea» de la zona de las lagunas pontinas: Circeo (*inferior*), Terracina (*derecha*) y Sermonetta (*superior izquierda*).

de 1515 en compañía de Giuliano, con León X,
para conocer al nuevo rey, Francisco I, sobrino de
Filiberta de Saboya. Giuliano, enfermo desde hace
tiempo, morirá poco después, el 17 de marzo de 1516.

Leonardo se dirige también a Milán y dedica
al granjero de sus tierras de Fiesole ciertas críticas
y consejos para producir vino de la mejor calidad.
El 13 de marzo de 1516 vuelve a estar en Roma,
ocupado en la resolución de un problema
matemático, y, en agosto, se dedica a tomar las
medidas de la iglesia de San Pablo Extramuros.

La casa solariega cerca de Amboise pasó a llamarse en el siglo XVII Clos-Lucé (*inferior*, un grabado del siglo XIX). Esta imagen del castillo de Amboise (*extremo inferior* y página siguiente) es un dibujo que se conservó entre los manuscritos de Leonardo en Windsor, obra de uno de sus alumnos.

«La boca causa más muertos que el cuchillo»

Una serie muy completa de notas, anteriores a 1516,
destinadas a cartas para Giuliano de Medici, dejan
entender que Leonardo atraviesa momentos de crisis
y de exasperación. Se queja de su asistente mecánico,
el maestro Giorgio Tudesco, y todavía más de otro
alemán, Giovanni degli Specchi, al que acusa de ser
indiscreto, negligente e incluso de espiarlo («No puedo
trabajar en secreto por su culpa»), de pasar dos o tres
horas en la mesa con los guardias suizos y dedicar
jornadas a cazar en las ruinas de la antigua Roma,
en resumen, de actuar sólo en interés propio: «Ha
llenado todo este belvedere de talleres de espejería».
Muy pronto, se crea un clima de frustración y rencor.
Calumniado, bajo sospecha de practicar la nigromancia,
a Leonardo se le pide que no siga en la residencia de
Santo Spirito: «[El alemán] ha trastocado mis trabajos
de anatomía al difamarme ante el papa».

En un folio cubierto de croquis de arquitectura
y de lúnulas, escribe unas enigmáticas palabras:
«Los Medici me han creado y me han destruido».
¿Un resumen amargo de sus relaciones con la familia
de los Medici? ¿Un juego de palabras con *medici*,
es decir, los médicos, a los que llama «destructores de
vidas»? Tras la desaparición de Giuliano, Leonardo
se prepara para buscar fortuna al otro lado de los Alpes.

En la casa de Cloux, en la corte de Amboise

En 1516, Leonardo llega a Amboise con Melzi,
y quizá también con Salai. Pasará los últimos años
de su vida en la casa solariega de Cloux. Carlos VIII

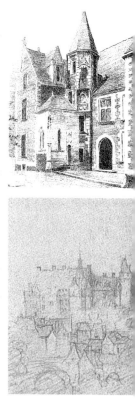

había adquirido en 1490 dicha casa cerca de la residencia real de Amboise donde Luis XII instalará su corte. Francisco de Valois, el futuro Francisco I, pasó en Cloux una gran parte de su infancia, con su madre Luisa de Saboya y su hermana Margarita de Navarra, y es autor de poemas y del *Heptamerón*.
A su regreso a Italia, Luis de Ligny se había instalado allí. Para Leonardo, la casa solariega de Cloux y la corte de Amboise son sólo lugares de encuentros y de intercambios que él protagoniza. Otros artistas lo han precedido, como Solario, un pintor leonardesco, y fra Giocondo, al que Leonardo menciona en 1508 a propósito de las canalizaciones del jardín de Blois.

El testimonio de Benvenuto Cellini, que trabajará para Francisco I, al igual que Rosso Fiorentino, es a todas luces sorprendente, ya que evoca el «conocimiento de lenguas clásicas» y la cualidad de «filósofo» de Leonardo.

Alegorías y celebraciones

En Francia, Leonardo retoma sus actividades teatrales y reedita algunas de sus escenografías más fantásticas, como el «león mecánico» para la estancia en Argentan de Francisco I, acompañado de su tía, la duquesa Filiberta, viuda de Giuliano de Medici, del 30 de septiembre al 1 de octubre de 1517 y para la Fiesta del Paraíso que se dio el año siguiente, el 17 de junio, en honor a Francisco I, en la casa solariega

Francisco I (*superior*), con veinticuatro años (según la inscripción) está representado como un san Juan leonardesco en este cuadro descubierto en el siglo XIX y considerado entonces una pintura inestimable, sublime y única, ciertamente la última del verdadero padre del arte, Leonardo da Vinci. En Amboise, Leonardo recibe una asignación de 2.000 escudos por dos años, mientras que la de Melzi es de 800, y la de Salai, sólo de 100.

de Cloux. A pesar de estar hemipléjico, continúa trabajando en su taller en Cloux, y, en mayo de 1518, colabora en los festejos celebrados en Amboise con motivo del nacimiento del hijo de Francisco I y del matrimonio de Lorenzo de Medici con Magdalena de la Tour d'Auvergne, sobrina del rey. En el arco del triunfo figuran los emblemas reales, la salamandra y el armiño, y el lema del manuscrito H de Leonardo, en latín: *Potius mori quam fœdari* («Mejor la muerte que el deshonor»).

Una ciudad ideal

Leonardo ostenta el título de «primer pintor», así como el de «ingeniero y arquitecto del rey». Elabora, entonces, un vasto proyecto para la ciudad geométrica de Romorantin; su mapa geométrico recuerda al de un *castrum* romano: el nombre de «Romolontino», tal y como lo escribe Leonardo, derivaría de la «Roma minor», que Julio César construyó en el Sauldre, afluente del Loira que la leyenda compara al Tíber. Y el contexto, desde luego, es el de un proyecto imperial.

El proyeco de Leonardo es muy conceptual: el canal en el centro, en dos niveles, constituye el eje a cuyos lados se reparten las carreteras, los puentes, los edificios y las plazas. La perspectiva urbana culmina con el «palacio del príncipe». Están también indicadas las fuentes, las cocinas y las caballerizas. «Las habitaciones en las que se podrá bailar» deben encontrarse a pie de calle «porque en algunas ocasiones se han hundido, causando numerosos muertos». Leonardo dibuja una inmensa piscina para las naumaquias, espectáculos de combates navales o «justas con barcos».

Cuando las obras empiezan, el estado de salud de Leonardo se va debilitando progresivamente y se ve obligado a mantenerse alejado; además, al poco tiempo, una epidemia obliga a Francisco I a transferir sus proyectos a Chambord. La aportación de Leonardo a la construcción del castillo parece confirmada por una nota de 1518, en la que se

Leonardo es también «mecánico de Estado»; para las festividades reales, contra las tiranías de la moda, dibuja espléndidos trajes (*superior*), con una gracia quizás excesiva, y también imagina máquinas para fabricar los decorados. En sus hojas de estudios para Romorantin se encuentran vistas panorámicas y mapas geográficos de la región, edificios de planta central (página siguiente), un Palacio Real y un barco para las justas navales.

menciona a un cierto maestro Domenico Barnabei da Cortona, al que se considera uno de los arquitectos de Chambord, pero también por sus croquis de escaleras dobles, de habitaciones con planta cuadrada con salas en forma de cruz, de castillos de planta central con toques de villas monumentales. La tradición quiere ver en los castillos que levantaron Florimond Roberteret, en Bury, y Georges de Amboise, en Gaillon, el eco de las ideas arquitectónicas de Leonardo que los había conocido a ambos en Italia.

Leonardo sueña con ir a buscar a los habitantes de la ciudad nueva de Romorantin a Villefranche, a algunos kilómetros de allí, y con desviar el curso del río para crear «un canal navegable y comercial»; describe el método para limpiar el lecho del río con las esclusas de los molinos,

Un testimonio esencial

En Amboise, Leonardo se interesa por la isla del Loire y estudia sistemas hidráulicos. Escribe una frase enigmática: «Amboise tiene una fuente real sin agua». Recibe el 10 de octubre de 1517, en la casa solariega de Cloux, la visita del cardenal Luis de Aragón, cuyo secretario, Antonio de Beatis, consigna en su *Itinerario* observaciones de gran interés,

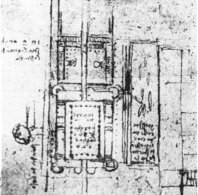

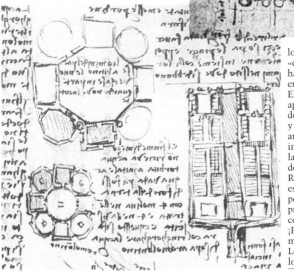

lo que le recuerda a la «compuerta móvil» que había hecho construir en Frioul, en 1500. El viejo artista aplica su espíritu de observación y de invención a la arquitectura de madera: imagina desplazar las casas y transportarlas de Villefranche a Romorantin: «Esto es fácil de hacer porque estas casas, previamente, se han construido por partes». ¡Por esta frase a menudo se dice que Leonardo inventó lo prefabricado!

comenzando por la salud de
Leonardo, que «sufre una especie
de parálisis de la mano derecha».
Escribe que el anciano maestro
«ya no puede colorear con la
delicadeza habitual», pero sigue
«haciendo dibujos» y enseñando:
«ha formado a un alumno milanés
que trabaja bastante bien» (se trata
del joven Francesco Melzi). El
secretario subraya a continuación
la gran cantidad e importancia
de los manuscritos de Leonardo,
«sobre todo de los que se acababan
de publicar». En efecto, el artista
empieza a pensar en su edición
y estudia incluso la tipografía y
la maquetación, aunque seguirán
inéditos: después de que Melzi
los llevara a Italia, el hijo de aquél
dispersará los manuscritos y los
consejeros del gran duque de la
Toscana los calificarán de «cosas
triviales», y convencerán a su
señor de no comprarlos.

**Cuadros *perfectissimi*
en el Clos-Lucé**

Leonardo muestra al cardenal
de Aragón tres pinturas acabadas.
Se piensa que la primera, que
representa a «una cierta dama
florentina, hecha al natural,
a petición del magnífico Giuliano
de Medici», es *La Gioconda* del
Louvre (o, con menos probabilidad,
una *Gioconda desnuda* o *Monna
Vanna*). El segundo, «San Johanne
Baptista joven» debería de ser
el *San Juan Bautista* del Louvre,
aunque la palabra *jovene* («joven»)
no permite despejar todas las
dudas. El tercero es, al parecer,

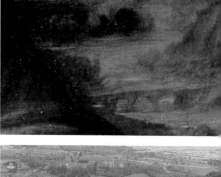

Según el testimonio de De Beatis, Monna Lisa podría ser Isabella Gualanda, y no Lisa Gherardini del Giocondo. El Anónimo Gaddiano afirma que Leonardo «pintó al natural el retrato de Piero Franceso del Giocondo», y no de su mujer. Entre las pintura que heredó Salai, figura una Gioconda de autor desconocido. Se han planteado otras hipótesis, pero hoy se han descartado por obsoletas o absurdas (un autorretrato «femenino» de Leonardo...). La obra es la quintaesencia de la idea del arte y de la cosmología de Leonardo. El paisaje también está idealizado: se cree que el puente es el de Buriano, cerca de Arezzo (página anterior, *inferior*). En 1513, Leonardo acabará en Roma una composición de 1502, copiada por Rafael hacia 1505 (*superior*). De *La Gioconda desnuda*, se conservan las pinturas de escuela (página anterior, *superior*) y un cartón.

la *Santa Ana* del Louvre, aunque, al no estar todavía acabada, no podría estar *perfectissima*.

Vasari cuenta que Francisco I habría invitado a Leonardo a Francia sobre todo porque quería que «colorease el cartón de santa Ana», lo que es un elemento precioso para poder fechar la obra, mientras que Paul Jove afirma, entre 1523 y 1527, que «queda una pintura sobre madera [de Leonardo] en la que se ve a un Niño Jesús jugando con su madre, la Virgen, y su tía, santa Ana, que Francisco, rey de Francia, compró y colocó en su capilla».

Además, no contamos con ningún rastro del cuadro en las colecciones reales antes de que Luis XIII lo recibiera del cardenal Richelieu, quien encontró el cuadro en Casale Monferrato, en Piamonte, en 1629. En 1525, una *Santa Ana* se valoró en 100 escudos, tanto como una *Gioconda*, entre los bienes que Salai dejó tras su matrimonio en Milán y su «muerte violenta».

Entre los últimos dibujos de Leonardo, un estudio para un drapeado de la Virgen (*superior*) inacabado, indujo a error a Freud y a los psicoanalistas que lo interpretaron como una representación críptica del milano-buitre de la infancia de Leonardo. Diversos esquemas de composición entran en la *Santa Ana* del Louvre (*izquierda*): en primer plano, la pirámide y el triángulo que forman las figuras, la red de líneas tendidas entre las miradas, la mezcla de volúmenes curvilíneos, los efectos de la luz lunar de una inmovilidad metafísica sobre los drapeados «habitados»... y también la dimensión cósmica del paisaje en la lejanía, organismo vivo, en el vértigo de sus infinitos.

¿Se llevaría el alumno a Italia las mejores obras de su maestro? Según otras fuentes, Francisco I compró *La Gioconda* por 4.000 escudos. En su testamento del 23 de abril de 1519, Leonardo escribió, no obstante, que todos los «instrumentos y retratos que tenían que ver con su arte y su trabajo de pintor» irían a manos de Melzi y no de Salai. ¿Acaso la palabra *portracti* no se refiere al conjunto de las pinturas?

«Cuando creía aprender a vivir, aprendía a morir», escribió Leonardo. La representación más célebre de su muerte (*inferior*) es de Ingres, que fue también descubridor de una *La Virgen de las rocas*.

Leonardo muere en el Clos-Lucé el 2 de mayo de 1519. Francisco I está quizá lejos de allí, en su castillo de Saint-Germain-en-Laye. No obstante, para Vasari como para la leyenda, no hay duda: Leonardo «expiró en los brazos de ese rey». Nada de lo que concierne a Leonardo es definitivo, todo contribuye a la creación del mito. Más allá de los modos de interpretación, la originalidad radical, la libertad del arte y la fuerza de la imagen crean la actualidad atemporal de su obra, en la que cada uno acaba por reflejarse y buscar su propia idea del universo de Leonardo.

Página siguiente: Leonardo entre Durero y Tiziano, en un cuadro inédito que forma parte de una serie de hombres ilustres.

TESTIMONIOS
Y DOCUMENTOS

Autobiografía y retrato de un mito

Desde sus «autorretratos», la mayoría de los cuales se ponen en duda en la actualidad, el mito de Leonardo es como una hidra de infinitas cabezas. Se presenta a sí mismo en tercera persona, como en su carta a los «fabricantes» de la cúpula de Piacenza: «No hay hombre que valga, créanme, como Leonardo el florentino...».

Los autorretratos discutidos

Los autorretratos de Leonardo son objeto de múltiples discusiones y preguntas. De manera bastante sorprendente, Hans Host declaró en 1980 que el de la Biblioteca Reale de Turín era falso. Lo habría dibujado Giuseppe Bossi, que era también autor de un retrato de Leonardo realizado a partir del *Demócrito* de Bernardino Luini. También se ha dicho que este dibujo era autógrafo y que prefiguraba al artista en

«Autorretrato» de Leonardo a los cuarenta años: es el contorno de su sombra en una ventana, proyectado contra un muro (*véase* Pedretti, a propósito de la *Cena* «hecha con las sombras»).

su vejez. No obstante, se puede reafirmar la datación tardía de este autorretrato hacia 1515, con independencia de la relación establecida por Luisa Vertova con el *Platón* de Rafael, sostenida por un análisis de las variaciones del gusto en la época de Leonardo (L. Vertova, 1991). No obstante, es seguro que el «autorretrato» de Leonardo conservado en los Uffizi, en Florencia, y con la gran boina de pintor no es más que un apócrifo del siglo XVII.

Contra la tiranía de la moda

«[Leonardo] era una persona bien parecida, proporcionado, gracioso y con buena planta. Llevaba una túnica rosa que le llegaba sólo hasta las rodillas, a pesar de que la moda era llevarla larga: tenía una bonita cabellera que le llegaba hasta la mitad del pecho, con rizos y bien peinada», afirmaba el Anónimo Gaddiano, algunos años después de la desaparición de Leonardo.

¿Leonardo anticonformista? Es cierto que no se ahorra sarcasmos ante los excesos y los caprichos de la moda que, sin cesar, cambia sus dictados para torturar a «quien quiere parecer bello». Repasa hasta ocho períodos y tendencias: desde su infancia, cuando «las prendas de vestir tenían adornos por todas partes», hasta la última moda que exige «unos pies tan apretados que los dedos se amontonan unos sobre otros y se cubren de callos» (*Tratado de la pintura*, 529).

Busca incansablemente la esencia de la belleza: «¿Acaso no ves que, entre las bellezas humanas, un rostro muy bello hace que los paseantes se detengan a su paso y no los ricos ornamentos? ¿Acaso no ves que la espléndida belleza de la juventud pierde su excelencia por llevar adornos excesivos y demasiado rebuscados? No lleves peinados demasiado afectados o sombreros, no seas como esas pobres tontas a las que provoca gran vergüenza un solo cabello desplazado. [...] Ni como los que siempre tienen como consejeros a su espejo y a su peine, y cuyo peor enemigo es el viento porque les despeina los cabellos impecablemente dispuestos. [...] Tampoco tomes ejemplo de quienes los llenan de pegamento para que brillen tanto como si se estuvieran vitrificados: las locuras humanas van en aumento y los marinos que traen de Oriente las gomas arábigas no consiguen satisfacerlas». (*Tratado de la pintura*, 398).

«Es un vicio común de los pintores pintar personajes que se parezcan a sí mismos»

«Si [el alma] encuentra a alguien que se parezca mucho al cuerpo en el que habita, se siente atraída por esa persona y a menudo se enamora de ella; por esta razón, mucha gente se enamora y toma por esposas a mujeres que se le parecen» (*Tratado de la pintura*, 105).

«Fíjate en las partes bellas de bastantes rostros bellos, cuya belleza confirme la opinión común además de tu propio juicio, porque te podrías equivocar al elegir rostros que se parezcan al tuyo. En efecto, ocurre que nosotros amamos a quien se nos parece; si eres feo, elegirás

rostros sin belleza y los harás feos como muchos pintores cuyos personajes se parecen a sus autores» (*Tratado de la pintura,* 134).

«Quien quiera saber cómo habita el alma su cuerpo, tan sólo debe observar cómo el cuerpo utiliza su vivienda habitual; es decir, si ésta última no tiene orden ni concierto, el cuerpo en el que habite el alma carecerá también de orden y concierto» (*Códice Atlanticus,* 207 recto).

Entre Tiziano y Durero

En un cuadro atribuido al taller de Agnolo Bronzino y que se puede datar de entre 1555 y 1565, Leonardo aparece representado entre Tiziano, el gran exponente de la pintura veneciana, y Durero, el «Leonardo del Norte». La presencia del pintor alemán nos recuerda la particular influencia que Leonardo ejerció sobre él. Durero, en efecto, copia la serie de «nudos vincianos» de la *Academia*, los estudios de anatomía y de caballos, y profundiza en sus investigaciones sobre la naturaleza y las proporciones humanas, se interesa en su compás para «trazar un óvalo» y en los dibujos de arquitectura militar. Consigue que admiremos la geometría del poliedro en su *Melancolía*, y describe su visión onírica de un diluvio «leonardino». El prospectógrafo que Durero representa sobre cuatro grabados de 1525 y 1538 lo había diseñado en 1480 Leonardo, que, no obstante, escribía: «Este invento está desaconsejado para aquellos que no saben dibujar retratos; porque estos procedimientos perezosos destruyen sus capacidades». (*Tratado de la pintura*, 35).

En la última de sus cartas de Italia, Durero proyecta trasladarse de Venecia a Bolonia en octubre de 1508 «por amor al arte de la secreta perspectiva, que alguien pueda enseñarme»: ¿Sería demasiado fantasioso imaginar un encuentro con Leonardo entre Milán y Florencia?

La caverna del conocimiento y la dulce muerte

«Movido por un deseo ardiente, ansioso por ver la abundancia de formas variadas y extrañas que crea la artificiosa naturaleza, tras haber caminado una cierta distancia entre las rocas que sobresalían, llegué a la abertura de una gran caverna; [...] dos emociones se despertaron de repente en mí: miedo y deseo; miedo a la oscura caverna amenazante, deseo de ver si ocultaba alguna maravilla» (*Códice Arundel*, 115 r.).

«Si tu libertad te es querida, tal vez alguna vez descubrirás que mi rostro es la prisión del amor» (*Códice Forster* III, 10 v.).

«Algunas horas antes de su muerte, este anciano me dijo que había vivido cien años y que no sentía ningún mal físico aparte de la debilidad; sentado en una cama de hospital, sin ningún movimiento ni síntoma de malestar, abandonó dulcemente la vida. Le practiqué la autopsia para averiguar la causa de una muerte tan dulce [...]. Hice otra autopsia al cuerpo de un niño de diez años, y entonces descubrí que se trataba de un caso exactamente opuesto al del anciano» (Windsor RL, 19027 v.).

El pintor en su taller

«El [trabajo de] escultor [exige] un ejercicio completamente mecánico, que va acompañado a menudo de sudor que se mezcla con el polvo y se convierte en una corteza de barro; su rostro está totalmente manchado y enharinado,

como si fuera un panadero, y está cubierto de pequeñas escamas como si le hubiera nevado encima. Su vivienda está sucia y llena de restos de polvo de piedra. Con el pintor, ocurre todo lo contrario (hablando de los mejores, tanto entre los pintores como entre los escultores), porque está sentado muy a gusto delante de su obra, bien vestido, agitando un pincel ligero con colores agradables, y lleva vestidos a su gusto, y su vivienda está limpia y llena de bellas pinturas, y a menudo se hace acompañar de música o por la lectura de obras bonitas y variadas que escucha con gran placer, sin que le moleste el ruido de los martillos u otros estruendos» (*Tratado de la pintura*, 32).

«El rigor permite superar cualquier obstáculo»

«Alcanzar la universalidad es algo fácil para el hombre» (Ms. G., 5 v.) «Pobre del alumno que no supere en nada a su maestro» (*Códice Forster* III, 66 v.).

En un folio de Windsor (1249 v.), Leonardo transcribe a Dante y a Petrarca: «Ahora debes vencer tu pereza –me dice mi maestro–, permaneciendo bajo las plumas no se llega a la gloria...» (*Infierno*, XXIV); «la glotonería, el sueño y las plumas ociosas» (*Sonetos*, VII).
Acumula reflexiones morales y proverbios populares: «Quien tiene tiempo y lo malgasta, pierde a sus amigos y nunca tiene dinero» (*Códice Atlanticus* 18 r.); «Quien quiera enriquecerse en un mes, estará colgado un año» (Windsor 12.351 r.); «Las pequeñas estancias o habitaciones despiertan el espíritu, las grandes, lo extravían» (Ms. A, 96 r.); «El carácter divino de la pintura hace que el espíritu del pintor se transforme en una imagen del espíritu de Dios» (*Tratado de la pintura*, 65).

Retrato místico-mágico

«Fue como un hombre que se despierta demasiado pronto en la oscuridad mientras los otros siguen todavía dormidos –escribe Freud–. Hay que tener siempre en cuenta la dimensión nigromántica, incluso absolutamente mágica en la que se forjó el mito de Leonardo, al que se presenta como un hombre de gran belleza y de una fuerza tal que podía fácilmente doblar una barra de hierro, "raro" en sus investigaciones [...] pero con una lucidez sobrehumana.» (R. Monti, 1966).

Reflexiones e investigaciones

Para Cocteau, Leonardo, igual que Picasso, «no era un investigador, sino un "encontrador"». ¿Acaso la investigación de Leonardo no es infinita? ¿Cada punto de llegada no es también el punto de partida más cercano, de observación y de búsqueda?

En sus cuadernos de notas en los que se mezclan escritura y dibujo, Leonardo consigna sus reflexiones, traza las grandes líneas de sus investigaciones y de sus especulaciones y anota todo tipo de observaciones sobre su arte y la vida cotidiana. El folio 42 v. del *Códice Atlanticus* es un excelente ejemplo de los estudios realizados desde su juventud: los croquis de relojes, de geometría y el esbozo de un dragón aparecen junto a un larga reflexión donde menciona, entre otros, al astrónomo Carlo Marmocchi, a Filarete (arquitecto de los Sforza), a un texto «de ábaco», es decir, de matemáticas, al sabio Paolo del Pozzo Toscanelli (amigo de Brunelleschi e inspirador de Cristobal Colón), al pintor Domenico di Michelino (autor del célebre *Dante y La divina comedia*), y al filósofo griego Argiropoulos, traductor de Aristóteles. Otro folio del códice empieza con álgebra, después se trata una cuestión de anatomía sobre «el hueso de Marliani», y habla de sus proyectos topográficos para Milán; por último, escribe: «... recuerdas a Giannino de las bombardas cómo ha tapiado la torre de Ferrara sin hacer agujeros» (*Cod. Atlanticus*, 611 r.).

Salario y valor comercial

¿Qué remuneraciones percibió Leonardo? Benvenuto Cellini se acuerda de haber rechazado una oferta de 300 escudos anuales de Francisco I en 1540 y de haber obtenido después el mismo salario que Leonardo da Vinci: 700 escudos al año, más el pago de las obras que produjera y 100 escudos para cada uno de sus asistentes. Según otras fuentes, el último salario que Francisco I entregó a Leonardo fue de 2.000 escudos por dos años. Melzi, que era un «gentilhombre», habría recibido 800 escudos, y el pintor Salao, extrañamente designado «servidor de Leonardo», 100 escudos.

En 1515, en Roma, Leonardo tenía, cada mes, gracias a Giuliano de Medici, una «provisión» de 40 ducados. Debía transferir 7 ducados a Giorgi Tudesco, quien exigía 8, lo que provocaba ásperas disputas. Leonardo se acuerda de haber recibido en Milán, entre julio de 1508 y abril de 1509, la suma de 390 escudos y 200 francos (un franco equivalía a 48 sueldos) de parte de Luis XII. La comparación entre sus gastos de los años 1495 a 1497 da una idea aproximada del valor de ese dinero: 120 sueldos para la «sepultura de Caterina», su madre, y 119 para la compra de la primera edición de la *Summa* de aritmética y de geometría de Pacioli. Poco tiempo antes, se había quejado al Moro por no recibir más que 50 ducados en tres años.

Contradicciones y ambigüedades

Paradojas, ironía y juegos de palabras que llegan al absurdo. El instinto, la lógica y la técnica de la analogía y del contrapunto están siempre presentes en la obra de Leonardo. Pueden crear malentendidos, ofrecen claves para la lectura y apelan a un método de representación que otorga toda su fuerza a las formas y a los caracteres. La imitación de la naturaleza en ella misma es una «estafa» si no se descifra. De la Medusa *al* San Juan Bautista dionisíaco, *el artista crea los monstruos de la razón y las figuras del enigma.*

«Quien viera nuestras cartas se sorprendería y pensaría que somos hombres graves, completamente volcados en grandes propósitos, y cuyos corazones están libres de pensamientos desprovistos de grandeza y de honestidad. No obstante, al volver la página, le parecerá que somos seres ligeros, inconstantes, lascivos, ocupados en cosas vanas. Aunque esa manera de proceder puede parecer nefasta, a mí me parece loable porque imitamos a la naturaleza, que es variada, y no se puede imitar a quien la imita», escribía Maquiavelo, gran amigo de Leonardo.

Las aspiraciones racionales cohabitan en Leonardo con lo irracional de la vida: sus manuscritos atestiguan la variedad y la profusión de temas que lo preocupan y están en todo momento llenos de contradicciones, que pasan de los preceptos moralizadores a los movimientos de humor incontrolados, de las notas secas a una verdadera poesía de la ambigüedad.

Encontramos cara a cara al hombre y al animal, al anciano y al joven, el vicio y la virtud, la paz y la guerra, la tradición y la innovación (las máquinas comparadas...), el furor y la serenidad, lo sagrado y lo profano... En el verso del dibujo alegórico en el que Phyllis «cabalga» a Aristóteles (*véase* pág. 64), se divierte al anotar estos sentimientos contradictorios: «Voluptuosidad-desagrado, amor-celos, felicidad-envidia, suerte-castigo, penitencia».

Leonardo no duda en contradecir sus afirmaciones precedentes, eso forma incluso parte de su método, que consiste en oponer su experiencia analítica de los fenómenos a las concepciones tradicionales y dogmáticas. Enuncia simplemente hipótesis que todavía hay que comprobar. A menudo también le han atribuido las opiniones de otros,

Anamorfosis de un rostro de niño.

que sólo aparecen anotadas al hilo de sus investigaciones

A Leonardo le gusta apuntar las tesis que discute, citarlas para apoyar sus demostraciones por el absurdo y contradecir las «falsas opiniones» de sus «adversarios», todavía convencidos, por ejemplo, de que la Tierra es plana (*Códice Leicester*, 6B-31 r.). Hasta 1508, Leonardo comparte la concepción tradicional según la cual el agua llegaría al mar desde las montañas, vehiculada por una especie de circulación sanguínea: cambiará de opinión en sus estudios posteriores.

Analogías

La poética del torbellino y del «movimiento circular a la manera de un tornillo» es el *leitmotiv* de sus dibujos sobre el vuelo de los pájaros, de las cabelleras de sus retratos de Ginevra Benci o del músico, de sus estudios sobre la circulación de la sangre y el movimiento de las aguas «paniculadas», de sus estudios de botánica, de mecánica (sobre los resortes de los relojes) y, por último, de la morfogénesis geométrica. Es también el tema de la silueta serpentina de Leda y el cisne y del dibujo de san Jorge y el dragón, y sobre todo las representaciones del Diluvio, en las que el torbellino furioso del universo en plena disgregación arrastra los elementos más diversos.

La analogía más significativa es la que Leonardo, con un incesante ir y venir entre macrocosmos y microcosmos, establece entre el cuerpo de los hombres o el de los animales y «el cuerpo de la tierra», que busca en el aliento de las tierras y de las mareas: «Si el hombre tiene dentro de sí el lago de sangre en el que se infla y se desinfla el pulmón cuando aspira y expira, el cuerpo de la tierra tiene su océano que también crece y decrece para que el mundo respire» (*Códice Atlanticus*, 55 v.).

Algunas analogías resultan verdaderamente curiosas, como la que hace entre la ola con crestas espumosas y el montón de fichas sobre la mesa de juego en el *Códice Leicester* (4B-4 v.). En anatomía y en embriología, compara la cabeza con una «casa», la tráquea con «un instrumento de música», y los bronquios y sus ramificaciones, con un árbol. Sobre la base de la anatomía de la garganta, Leonardo dibuja la «máquina matemática» que produce las vocales: explica que los veinticuatro músculos de la boca permiten que se exprese la sonrisa, igual que los sentimientos y los «movimientos del espíritu». ¿Acaso las venas no hunden sus raíces en el «estiércol» del hígado? Leonardo no teme contradecirse: como el «melocotonero nace de su hueso», así «¡el corazón es el hueso que produce el árbol de las venas!» (Windsor, RL, 19.028 r.).

En sus palabras, parecen explicaciones simples, pero los dibujos de Leonardo son de una belleza y de una precisión que cortan el aliento. «Las venas [...] se extienden a lo largo y se retuercen como serpientes [...]; el hígado se seca y se vuelve parecido al salvado helado [...], que se dispersa en pequeños copos como el serrín de madera [...]. Los que son de una edad muy avanzada tienen la piel color de madera o de castaña seca, porque carecen prácticamente de alimentos. La red venosa actúa en el hombre como en las naranjas cuya piel se espesa y la pulpa se reduce conforme envejecen» (Windsor RL, 191.027 v.).

«La proporción no se encuentra sólo en los números y las medidas, sino también en los sonidos, pesos, tiempos, posiciones y en cierto poder que existe» (Ms. K, 49 r.).

Paradojas e ingenuidad

Las paradojas abundan en las proposiciones, así como en el método y la demostración, como el ejemplo del río en el pozo que se cava de un hemisferio al otro, que comunica con las antípodas y pasa por el centro de la Tierra (*Códice Leicester* 16A-21v.). Otro tiene que ver con su observación del curso de los ríos, que después de las pestilencias sería más profundo y más límpido (*Ibíd.,* 17B-20 r); aquí encontramos un extraño contrapunto «fatalista» al sistema «práctico» que propone: limpiar los ríos haciendo que «grandes animales» los «pisoteen» (*Ibíd.* 15 A-22 v).

A pesar de sus intenciones geniales, el *Códice Leicester* rebosa errores que Leonardo heredó de la tradición o en los que se enreda a causa de su propia experiencia. Cree que en la Luna hay vientos y olas marinas (que serían los espejos de la luz solar reflejada también por la Tierra), y que la Luna no determina las mareas (el agua sería «bebida» por el fondo del mar, 11 A-26 v.).

El conflicto entre realidad e imaginación

«Se dice que el movimiento tiene dos naturalezas porque está hecho de diversas fuerzas; de hecho, se divide en dos partes: una espiritual y la otra material. Nuestra parte espiritual está formada por el poder de la imaginación; y la material, por los cuerpos materiales» (Ms. Madrid I, 122 v).

«La experiencia no se equivoca jamás, sólo se equivocan vuestros juicios, que se prometen resultados extraños a la experimentación personal» (*Códice Atlanticus*, 471, r.). «Aunque la naturaleza se inspira, en primer lugar, en la razón y acaba por la experiencia, nosotros haremos lo contrario, es decir, empezaremos por la experiencia y, de allí, iremos en busca de la razón» (Ms. E. 55 r.). «Las cosas del espíritu que no han pasado por el juicio son vanas y sólo engendran una verdad aparente» (Windsor RL 19070 v.). Leonardo evidentemente se contradice con su propia nota del *Códice Atlanticus* 398 v.: «En la naturaleza, ningún efecto carece de causa; comprende la causa y no necesitarás experiencia». Y todavía más sobre los molinos de Lombardía: «Creo que ésos serán mejores, no por haberlos experimentado sino porque es la opinión general» (Ms. Madrid I, 151, v.).

Profeta para reír

«La felicidad suprema será la mayor causa de miseria y la perfección de la sabiduría una ocasión de locura» (*Códice Atlanticus*, 112, r.) Es decir, que, una vez que se alcanza la conciencia de la felicidad, «los hombres correrán sin moverse, conversarán con los ausentes, oirán a los que no hablan».

Leonardo nos proporciona también su «modo de empleo» de las profecías, y del sueño: «Dila como si se tratara de un antojo o de una divagación, de una locura. Muchos se dedicarán entonces por completo a extraer de ella un tema que aumenta cuanto más se aparta y cuanto más significado se le atribuye más se vacía» (*Códice Atlanticus*, f. 1.033).

Más allá de la imitación de la naturaleza

Las afirmaciones de Leonardo sobre la representación de lo real y de la imitación de la naturaleza no tienen nada que ver con el realismo o un naturalismo reduccionista y menos todavía con la reproducción de lo verdadero.

Basta con referirse a la naturaleza para comprender y practicar, con la ciencia y la experiencia de los fenómenos más diversos, su método creador, perfecto y «divino».

En la hoja 387 r. del *Códice Atlanticus*, de 1490, Leonardo traza las grandes líneas de una historia del arte que, partiendo de la decadencia de los romanos, renace con Giotto, se pierde de nuevo después en la imitación de la pintura precedente y, por fin, se despierta con Masaccio. Evidentemente, la complejidad de los valores experimentales y de la renovación que introducen Giotto y Masaccio no pasa desapercibida a Leonardo, pero, paradójicamente, parece que hace surgir la originalidad del joven Giotto a partir de su habilidad para dibujar las «actitudes de las cabras» y de los demás animales, mientras que Masaccio «demuestra por la perfección de su obra que aquellos que se inspiran en otro modelo que no sea la naturaleza, maestra de los maestros, pintan en vano».

No obstante la palabra de Leonardo puede ser una trampa: a menudo, intencionadamente, a veces porque siente el desfase entre sus capacidades de expresión verbal y las que le ofrecen

Las metamorfosis de un gato, h. 1513.

el dibujo y la pintura. En el *Atlanticus,* 399 r., afirma: «La imitación de las cosas antiguas es más loable que la de las modernas».

Sobre la cuestión de la divinidad del arte, parece contradecirse de nuevo: «El dibujo es de una excelencia tal que no sólo busca las obras de la naturaleza, sino otras infinitamente superiores a las que hace la naturaleza» (*Tratado de la pintura,* 130). Y también: «He visto universalmente a todos aquellos que se ganan la vida pintando retratos del natural, el que consigue que el mayor parecido sea el más triste compositor de historias que ningún otro pintor» (*Ibíd.*, 55).

Baco y San Juan

El *San Juan* del Louvre que Luis XIII habría regalado a Carlos I de Inglaterra a cambio de un Holbein y de un Tiziano, pasa por ser la obra más ambigua y misteriosa de Leonardo. Diversos autores vinculan su sonrisa «equívoca», que para algunos expresa la contemplación de un mundo interior, con la de la Gioconda, o con la del famoso gato de Cheshire de *Alicia en el país de las maravillas*, que desaparece «dejando sólo su sonrisa».

La identidad del *Baco* es realmente perturbadora, sin que haya necesidad de mencionar las interpretaciones andróginas más fantasiosas: *Baco* era, en su origen, un san Juan al que se le añadieron, en la segunda mitad del siglo XVII, los atributos dionisíacos de las hojas de viña y de tirso, para acentuar su contenido pagano. Casiano del Pozzo, que lo vio en Fontainebleau en 1625, consideró que era una «obra muy delicada, pero que no complace porque no inspira devoción».

Eros y sublimación

«Quien no refrena la voluptuosidad se iguala a los animales», afirma Leonardo. Desde el ensayo de Freud, «Un recuerdo infantil de Leonardo da Vinci» (1910), el psicoanálisis ha investigado hasta la obsesión todos los interrogantes sobre el eros de Leonardo. En esta faceta del artista, los prejuicios y estados de ánimo de la crítica se hacen patentes.

«Parezco estar destinado a escribir en profundidad sobre el tema del milano porque uno de mis primeros recuerdos de infancia es que, cuando estaba en la cuna, un milano vino y me abrió la boca con su cola, y me golpeó en varias ocasiones en el interior de los labios» (*Códice Atlanticus,* 186 v.).

Este «recuerdo infantil» es una referencia esencial para las teorías de Freud sobre Leonardo, que lo llevarán a concluir que «un hombre así formado se consagraría a la investigación con la misma pasión que otro reserva a sus amores, por tanto, podría dedicarse a la investigación más que a amar».

Lo que dice Leonardo

«El acto del coito y los miembros que intervienen son tan horrorosos que, si no fuera por la belleza de los rostros, los adornos de los actores y la discreción, la naturaleza perdería a la especie humana.» No obstante, observa él, la verga «tiene ciertas relaciones con la inteligencia humana y a veces posee su propia inteligencia», actúa y se despierta a su modo, a veces contra la voluntad del hombre, que no debe avergonzarse, «sino exhibirla con solemnidad, como un ministro».

Estudia la conformación y las dilataciones de la vulva a la que llama con malicia «guardiana de la fortaleza». En sus bromas, adopta el tono de quien ha tenido experiencias con prostitutas y no se retiene al contar historias eróticas sobre la astucia de las mujeres y de los religiosos.

¿Teme a las enfermedades venéreas? En cualquier caso, preconiza la higiene corporal y mental contra «los vanos placeres que a menudo son la razón de la pérdida de la vida».

«La lujuria es causa de generación, el deseo es el puntal de la vida. El dolor

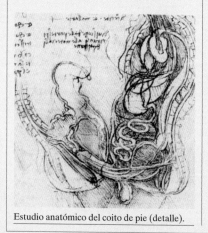

Estudio anatómico del coito de pie (detalle).

preserva el instrumento»: mediante estos tres aforismos que juegan con el contrapunto entre un «mal» (o un «vicio») aparente pero necesario, y un «bien» que protege la vida, Leonardo rinde homenaje a la «necesidad» inherente a la naturaleza humana.

«La pasión del alma da caza a la lujuria», escribe también, lo que revela, más allá de las bromas, una moral exigente.

¿Temía Leonardo tener niños? En el post scríptum de una carta a uno de sus hermanos, escribe: «Te felicitas por haber engendrado a un enemigo vigilante, cuyas fuerzas tenderán por completo hacia una libertad que sólo conseguirá con tu muerte». ¿Llegaría a mandar realmente una carta así?

El pintor incita al amor

«Mientras que el poeta afirma incitar a los hombres al amor, que es lo principal de la especie de todos los animales, el pintor tiene el poder de hacer lo mismo y más incluso, porque pone ante el amante la efigie de la persona amada, con la que puede entretenerse, darle besos y hablarle [...], algo que no podría hacer con las bellezas que le propone el escritor [...].

»En una ocasión hice una pintura que representaba algo divino. El amante la compró e intentó separar la representación de esa cosa divina para poder besarla sin freno, pero, finalmente, la conciencia pudo más que los suspiros y el placer amoroso, y la sacó de su casa. Otro pintor creó un cuadro que incitaba a bailar a todo aquel que lo veía, mientras que otros han pintado actos tan libidinosos y lujuriosos que incitaron a quienes los contemplaban a la misma celebración; algo que no puede conseguir la poesía.»

Tratado de la pintura, 25.

Indicios contradictorios

Casi un siglo después del proceso al que tuvo que enfrentarse Leonardo, el cronista Giovanni Paolo Lomazzo, bastante bien informado sobre ciertos aspectos de la vida del pintor, pero poco creíble en sus extrapolaciones, lo convierte en el héroe de un diálogo con el gran escultor griego Fidias, en su *Libro de los sueños*:

«Leonardo: Antonio Boltraffio, mi discípulo, junto con Salai, al que amo más que a cualquier otro, fueron muy diferentes.

Fidias: ¿Los obligaste a jugar a ese juego que tanto gusta a los florentinos, por detrás?

Leonardo: ¡Ah, muchas veces! Ten en cuenta que era un joven de gran belleza, de quince años como mucho.

Fidias: ¿No te avergüenza admitirlo?

Leonardo: ¿Por qué iba a hacerlo? No hay nada más digno de alabanzas [...].

Fidias: Venga, va, ¿aprenderé lo que nunca supe cuando estaba vivo?

Leonardo: Piensa que no hay nada tan malo en el mundo que sea mejor desconocer [...]. Debes saber que el amor masculino sólo es resultado de las virtudes [cualidades] que, desde una tierna edad, cultivan junto con diversos afectos y amistades, para que su amistad se fortifique en la edad viril; aparte de esto, el amor masculino fue para los filósofos un precepto digno de alabanza».

Este discurso sólo tiene en cuenta parcialmente la biografía del artista; el pintor Bossi informa de que Leonardo habría disfrutado de los placeres de la carne con una cortesana llamada Cremona. En cuanto a los retratos en los que supuestamente deberíamos reconocer al bien amado Salai, podemos apuntar que, desde 1478, Leonardo dibujaba este tipo de efebo angelical que encontraremos hasta 1510.

Alimentación y salud

Vegetariano, higienista... Sus manuscritos revelan sus proyectos para la automatización de las cocinas y de las recetas medicinales. En las hojas de estudio para Leda y el cisne *o sobre la* Profecía del vuelo, *figuran listas de compras: vino y pan, huevos y champiñones, menestra y ensalada, pero también «carne» y «pollo»...*

«El hombre y los animales no son más que un paso y un canal para alimentos, una sepultura para otros animales, un albergue de muertos, que mantienen su vida gracias a la muerte de otros, una vaina de corrupción» (*Códice Atlanticus*, 207 v.). Leonardo utiliza este tipo de expresiones para referirse a aquellos que hablan sin crear nada concretamente: «Mira, hay muchas personas que podrían considerarse simples canales para los alimentos, productores de estiércol, que llenan letrinas porque no tienen ningún otro fin en este mundo» (*Códice*

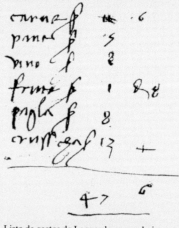

Lista de gastos de Leonardo en una hoja del *Códice Arundel*, con fecha de 1502.

Forster III, 74 v.). Más aterrador todavía, a propósito de las moscas: «Los hombres saldrán de las tumbas transformados en pájaros y asaltarán a otros hombres para robarles el alimento hasta de sus propias manos y mesas» (Ms. I, 64 r.).

«Son muchos los que nunca llegarán a nacer»

En sus *Profecías*, se indigna de la crueldad del hombre hacia los animales: «Corderos, vacas, cabras y otros animales similares: a muchos de ellos, les robarán las crías, les cortarán la garganta y los despedazarán de la forma más bárbara». Y también: «Huevos que una vez comidos no darán pollitos: ah, son muchos los que nunca llegarán a nacer» (*Códice Atlanticus*, 1.033 r.).

Estas imprecaciones han contribuido a forjar la convicción de que Leonardo era vegetariano, corroborada por una carta de Andrea Corsali dirigida de las Indias a Giuliano de Medici (publicada en 1516): «No viven de alimentos que contengan sangre, y no se permiten entre ellos dañar a ningún ser animado, como nuestro querido Leonardo de Vinci». Recordemos, no obstante, que Leonardo práctica la vivisección y que compra carne. Aplica además las mismas metáforas a los frutos de la tierra: «Nueces, olivas, bellotas, castañas y demás frutos... muchos hijos serán arrancados de los brazos de su madre, con golpes despiadados y los lanzarán mutilados al suelo» (*Códice Atlanticus*, 393 r.).

Gastronomía prudente

En 1480, Leonardo dibuja varios croquis de estudios del funcionamiento de un asador y, en una hoja del *Códice Atlanticus*, compara dos sistemas: el más tradicional, en el que la fuerza de gravedad de un peso proporciona la energía motora, y otro en el que la fuente de energía es la corriente ascendente del aire caliente que pone en funcionamiento la hélice, que, a su vez, transmite el movimiento a la brocha (además, al aumentar o disminuir el fuego, se modifica la velocidad de rotación del asado). En 1506, en el *Códice Leicester*, estudia a partir del asador «su» invento del vapor (de hecho, se trata de la aplicación de un método ya practicado en la Antigüedad): «El agua soplada por un pequeño agujero del jarro en el que aquella hierve exhala con furia y, así, completamente transformada en vapor, hace girar el asado» (9 A, 28 v).

«Salud» y bienestar

«Disecaba cuerpos de criminales en las escuelas de medicina, impasible ante ese trabajo inhumano y repulsivo» (Paul Jove, *Vida de Leonardo da Vinci,* Ms., 1523-1527). Sin embargo, a pesar de sus incomparables estudios anatómicos, Leonardo sigue muy alejado de la práctica y del lenguaje de la medicina. Sus notas están salpicadas de consideraciones bastante simplistas. «Es necesario que los médicos, tutores y cuidadores de los enfermos comprendan qué es el hombre, qué es la vida y qué es la salud, cómo puede mantenerse

gracias a la paridad o la armonía de los elementos e igualmente cómo su desacuerdo provoca su ruina y su destrucción [...], y que los remedios, cuando se utilizan bien, devuelven la salud a los enfermos» (*Códice Atlanticus*, 730 r.).

Al contrario: «Los médicos viven de los enfermos. Los hombres llegarán a un estado de tal maldad que se aprovecharán de sus sufrimientos o de la pérdida de su verdadera riqueza, la salud».

En la «biblioteca» de Leonardo se menciona un *Tratado de conservación de la salud*. Y en el *Códice Atlanticus*, 213 v., dieciséis versos «médicos»:

«Si quieres tener salud, sigue este régimen: / no comas sin tener ganas y cena ligero; / mastica bien y procura que lo que recibas en ti / esté hecho y sea simple. / Quien toma medicinas se hace daño. / Guárdate de la cólera y evita el aire pesado; / mantente derecho al levantarte de la mesa y no cedas al sueño del mediodía./ Sé sobrio con el vino, tómalo con frecuencia en poca cantidad, / pero no fuera de las comidas, ni con el estómago vacío; / y no estés impaciente por acudir a los lugares de ocio. / No te acuestes sobre el vientre ni con la cabeza baja / y tápate bien por la noche. / Descansa la cabeza y mantente alegre, / huye de la lujuria y respeta tu dieta». En este sentido, retoma las ideas de la tradición medieval.

La moral de Leonardo es de una simplicidad desconcertante: «Igual que el alimento tomado sin apetito es perjudicial para la salud, el estudio sin deseo altera la memoria» (Ms. A1, 114 r.).

A menudo, ofrece elementos de interpretación psicológica: «El pintor o el dibujante debe ser solitario, para que el bienestar no altere en absoluto el vigor del espíritu» (*Códice Ashburnham* II, 27 r.).

La adoración de los Magos y La Última Cena

En La adoración *de los Uffizi, unos enigmáticos personajes aparentemente ensimismados, señalan algo con el dedo, o miran fuera de campo, «más allá de lo visible». En* La Última Cena, *la perspectiva tiende a prolongar el espacio físico y mental en el espacio de la imagen. Dos obras maestras «infinitas» para dos puestas en escena de los «conceptos del alma».*

Según los primeros estudios para *La adoración de los Magos,* Leonardo renuncia a los aspectos fabulosos de la historia y, al preferir una visión ideológicamente nueva, opta por elecciones estilísticas y de composición sin precedentes. El dibujo preliminar de los Uffizi comporta ya alguno elementos de decoración presentes en la obra final (como las ruinas de una arquitectura antigua, alusión a la relación entre el mundo pagano y el comienzo de la nueva era).

Por contra, en la versión definitiva, Leonardo reduce la perspectiva dominante y las proporciones de la gran cabaña en el centro que habría reforzado la simetría de la composición

Estudio preliminar de composición y perspectiva para *La adoración de los Magos.*

y la temática de La adoración antes que la de la Epifanía. También el dromedario desaparece... Pero sobre todo se pierde aquella geometría que, al situar el futuro en una dimensión aún más idealizada, habría debido focalizar la atención sobre el neoplatonismo de Leonardo, del que se disponía por entonces a alejarse al dejar Florencia por Milán. Los personajes parecen surgir de la capa preparatoria y desplegarse por la superficie como ideas en gestación, lo que crea un flujo vital y una rotación frenética alrededor de los personajes de la Epifanía, en el devenir de la naturaleza y de lo artificial, de lo humano y de lo divino. Todos están conmocionados, presa del temor, de la sorpresa, la incredulidad, inmersos en una turbulencia gestual y espiritual. Las líneas de fuerza y las direcciones visuales convergen para arremolinarse hacia el centro de la acción, donde la violencia se apacigua bajo el efecto de la revelación. La Virgen es el punto fijo mientras que Jesús, por una rotación ritualmente ordenada, se inclina hacia el regalo del rey mago que adquiere una significación hermética de predestinación. Más allá del primer plano, nada de sibilas o profetisas gesticulantes, sino el artista, el arquitecto que diseña y sus jóvenes ayudantes que le hacen eco, los albañiles y los carpinteros que se apresuran en la reconstrucción del templo. En el decorado «a la antigua» en la izquierda, se ve un arco roto en la cúspide, pero sobre las ruinas renacen la naturaleza y la vida laboriosa. En el centro domina otro símbolo de ascensión y de encuentro: las escaleras sobre unas estructuras arquitectónicas en perspectiva, que ascienden hasta la columna, hasta el cielo. A la derecha, la batalla causa estragos. Leonardo continúa sus estudios del tema de la lucha entre el caballero y el dragón, como entre la virtud y lo irracional. En este decorado que se abre hacia el horizonte, las masas palpitantes están animadas por un furor mítico y, al mismo tiempo, heroico; en el *pathos* se superpone la idea simbólica de la continuidad entre la decadencia y el Renacimiento. Y entre las ruinas del pasado, los arcos, las columnas y las escaleras de la Historia, la naturaleza hace crecer sus raíces, reverdecer las palmas y elevarse los troncos de los árboles como en la alegoría del *broncone*, es decir, el «ramo frondoso» de los Medici, a la vez formas que aseguran el equilibrio de la composición y símbolos del «árbol de la vida».

Historia y dinámica de *La Última Cena*

Para la perspectiva, Leonardo prolonga el espacio real en la profundidad de aquel del que ha creado la ilusión. Por la escansión lineal de la luz y de las figuras pone en escena el acontecimiento dramático que orquesta en una serie de «historias», de actitudes, de gestos, de expresiones.

El dibujo del suelo (que apenas se puede apreciar), los tapices extendidos sobre el muro, el artesonado, el paisaje en la lejanía, contribuyen a dar la impresión de una inserción «natural» de la perspectiva en la gran sala donde está pintada *La Última Cena*. Bajo el efecto de la representación frontal, la principal fuente de luz en el cuadro viene de la izquierda, como la luz natural del refectorio. Los doce apóstoles, cuyas vestiduras evocan la escultura clásica estan dispuestos sin simetrías rígidas, pero en grupos de tres: dos corrientes cargadas de emociones convergen hacia el centro donde Cristo, instituyendo la Eucaristía, constituye el «motor» de la acción.

«Uno de vosotros me traicionará»: todo el cuadro está movido por la dinámica del verbo, su eco se refleja de rostro en rostro y en las manos, en un sublime teatro de la imagen. Magistral «naturaleza muerta», el mantel decorado y la «constelación» de objetos sobre la mesa contribuye, por sus juegos de armonías casi musicales a la escansión rítmica de la composición.

El efecto monumental de *La Última Cena* no se debe únicamente a sus vastas dimensiones, se impone sobre todo por la relación entre el espacio y el dominio de la luz. Como si Leonardo hubiera fijado sobre la pared un instante atemporal y único.

Por desgracia, el estado de la pintura, acabada en 1498, se revelará muy rápidamente precario. Las experimentaciones técnicas de Leonardo se han considerado tradicionalmente como la causa principal de ello, pero la humedad de la pared y las vicisitudes del edificio han comprometido la conservación de la pintura, ejecutada, no al fresco, sino, para responder a las exigencias de un proceso de ejecución más lento, con colores *a tempera*, grasas y aceite sobre una doble preparación a base de materias orgánicas muy finas.

Maquinarias de artista

El avión, el sumergible, el automóvil, el carro blindado, el ascensor e incluso la bicicleta... a la luz de trabajos recientes de los investigadores, hay que tomar distancias con el mito de un Leonardo sobrehumano, precursor casi diabólico, autor de toda suerte de invenciones (incluidas entre ellas algunas que funcionaban desde hacía siglos). Sin embargo, no se puede negar la creación por Leonardo de un nuevo alfabeto tecnológico.

Mons. Sabba da Castiglione, en sus *Recuerdos* (*Ricordi*), de 1549, dijo de Leonardo que es el «primer inventor de las grandes figuras arrancadas a la sombra de las linternas». Leonardo afirma que el carro automotor o la prensa para imprimir son, junto con la máquina de tejer mecánica, la más importante invención del hombre.

Una obra de arquitectura es para él un vasto organismo mecánico-hidráulico,

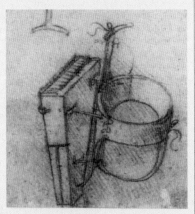

Lira u *organon*, con las «correas» para llevar el instrumento.

su gran sueño de la automatización engloba la ciudad entera. Mediante una infatigable comparación de las concepciones tradicionales y sus intuiciones, tan avanzadas a su tiempo, hace evolucionar a lo largo de los años su método: las aplicaciones y las tecnologías se diversifican, amplía la utilización de los mismos elementos mecánicos a diferentes tipos de máquinas y de funciones.

Las armas: aerodinámica y vocabulario

La «mirada» con la que Leonardo observa o imagina los fenómenos que «explica» en sus dibujos, a menudo axonométricos, es absolutamente única, así como el método gráfico-analítico por el que vuelve estos ingenios de muerte verosímiles y fascinantes. Su creatividad libre y espontánea le permite transformarlos al insertar en ellos elementos narrativos, fantásticos o funciones puramente utópicas, de «ciencia ficción» con fuerte poder estético.

Entre 1480 y 1490 Leonardo se interesa mucho en las armas de fuego, de todo género y de todos los niveles: de llave de mecha o pedernal dotadas de un resorte helicoidal que recuerda a las arquitecturas hidráulicas «sin fin», «espingardas de órganos o de 33 tiros» trazadas en abanico, con múltiples soportes giratorios para aumentar la rapidez y la cantidad de los tiros, cañones navales e incluso un mortero pivotante «de arcón» para producir un gran volumen de fuego, por fin, un *circumfolgore*, es decir, una plataforma circular y giratoria, equipada con cañones.

Leonardo crea para las armas de la historia una serie de neologismos muy coloristas: *alcimandre, alobrot, arcab, attanases, bricola, carcaflotiles, clirp, clot, frolisto, imilcrone, martilatro, stringula*, etc. Sin olvidar el *Architronc*, el revolucionario cañón a vapor, cuya invención atribuye a Arquímedes; se extasía con tres de sus efectos más espectaculares: el humo, la furia, las vibraciones. También alaba los efectos de las balas explosivas mortíferas, de los proyectiles de punta ogival con aletas direccionales, aerodinámicas y las de balas de cañón incendiarias, semejantes a fuegos artificiales, como el *cotombrot*.

Leonardo no cuenta con una representación monstruosa que impresione y aterrorice, sino más bien con la aerodinámica, que permite reducir el impacto de los proyectiles enemigos. Su «carro de asalto» toma una forma que prefigura la de los platillos volantes de la ciencia ficción.

El diseño marino y aéreo

En la serie de las catapultas, la madera, las cuerdas, las articulaciones entre los elementos, todo participa de una extraordinaria geometría que multiplica las fuerzas y el poder de los ingenios.

La obra de Da Vinci es inigualable en la historia de la ilustración científica y tecnológica, no sólo por su manera de exponer sus procedimientos sin demostraciones interminables y aburridas, sino también en tanto que obra de arte, creación del *diseñador*. La diferencia es impresionante entre los croquis de Leonardo sobre el vuelo y los diseños de las libretas de los ingenieros sieneses, anteriores en algunos años.

Sin embargo, a causa de su peso y aún más de los mecanismos de aterrizaje, su «ornitóptero» con alas articuladas no parece que pueda elevarse en el aire merced a la sola acción del hombre. El comentario del sabio Girolamo Cardano sobre la tentativa de vuelo de Leonardo fue lapidaria: «Vinci lo intentó y fracasó». Sus planeadores son claramente más plausibles: un siglo después de los intentos del pintor simbolista Arnold Böcklin de hacer volar una máquina leonardesca, se ha conseguido recientemente, con la única modificación de un contrapeso en la parte delantera y gracias al empleo de materiales extremadamente ligeros.

Los ingenios navales y submarinos parecen más próximos a la realidad: así, se cuenta que en Milán, en el último período de la vida de Leonardo, Cesariano (editor de Vitruvio) llegó a navegar sumergido desde el castillo de los Sforza hasta el lago de Como. Leonardo estudia la natación en el hombre y en los animales, dibuja aletas, sistemas para respirar en inmersión y flotadores para caminar sobre el agua. Está igualmente fascinado por las relaciones entre la medida del tiempo y los movimientos de los astros, la armonía y la mecánica.

Todavía más curioso, en el Ms. B, 20 v., describe un «despertador pedestre»: «Se trata de un péndulo a la manera de aquellos que consumen su tiempo con parsimonia. Así funciona: cuando el embudo ha vertido en el recipiente tanta agua como hay en la balanza opuesta, la balanza se eleva y vierte su agua en el primer recipiente, éste, cuyo peso se ve doblado, levanta con violencia los pies del durmiente, que se despierta y se dirige a su trabajo».

Tramoyas para el teatro

De los muy numerosos dibujos hoy dispersos de decorados y tramoyas para las fiestas y los espectáculos teatrales, algunos han sido conservados en el *Códice Arundel*, tales como los dispositivos para el *Orfeo* de Poliziano: gracias a los contrapesos y a los montacargas una montaña se abre y Plutón surge de los Infiernos.

En el *Códice Atlanticus,* un autómata, el *ocel della commedia* («el pájaro de la comedia») recuerda a la *colombina* para la explosión del carro tradicional de las fiestas de Pascua en Florencia. En un manuscrito se representa el Teatro de Curius, un mecanismo escénico circular descrito por Plinio: la aplicación de un ingenioso principio de geometría permite representar de forma simultánea dos acciones teatrales diferentes.

Alquimia y cultivo de la tierra

Las máquinas agrícolas concebidas por Leonardo son testimonio de su evolución tecnológica (*véase* en pág. 18 la prensa automática en la que una sola fuente de energía produce efectos en serie) y

también de sus constantes investigaciones de materiales para sus «recetas» de pintura. En la hoja 42 v. del Ms. F, Leonardo describe sus procedimientos de «arte químico» para fabricar un soporte (o una tabla) «flexible». Elabora minuciosamente esa «materia plástica» con mixturas de diversos colores, «volviendo del revés tripas de becerras y de bueyes» o también mediante «hoja de col de Milán o de lechuga». En el *Códice Atlanticus* (64 v.), escribe, a propósito del «agua regia» (mezcla de ácido nítrico y ácido clorhídrico): «Disuelve el sol». Se trata, de hecho, del procedimiento para separar el oro de la plata que corresponde a una observación típica de los alquimistas y precede a las «recetas» para «teñir obras de oro» que hacen pensar en la «transmutación» alquímica. Leonardo critica ásperamente las pseudociencias y el ocultismo: la astrología y la nigromancia, la falaz fisionomía, la quiromancia y la alquimia. Sin embargo, reconocía que esta última es respetable cuando se aproxima a la química: en efecto, se interesa por la destilación, dibuja alambiques y describe la manera de fabricarlos de porcelana.

Diseña tres métodos principales de regrigeración –«de sombrero», «continuo» y «a contracorriente»– y unos hornos idénticos a los de los alquimistas; destila acetona y otros disolventes esenciales para la fabricación de los colores y de los barnices del pintor. Al fin, Leonardo imagina tazas y vasos irrompibles, imitaciones de vidrios o piedras duras y toda clase de métodos como la extrusión, la «congelación», la plastificación, diferentes revestimientos...

¿La bicicleta de Salai o de Napoleón?

La reciente restauración del *Códice Atlanticus* ha hecho aparecer, en el dorso de un folio donde figuran unos dibujos «obscenos», el croquis (incompleto, impreciso, casi infantil) de una bicleta: ¿es de la mano de Leonardo? No, ciertamente. ¿Es de algún aprendiz de su taller? ¿Fue añadida en tiempos de Napoleón, cuando el *Códice* fue llevado a Francia, o en ocasión de una reciente restauración, como insinuaba Ladislao Reti? ¿No evoca este tipo de bicicleta el período de 1820? Para Augusto Marinoni, no hay duda de su autenticidad: «Este tipo de transmisión de cadena con anchas aberturas, aplicada a una rueda de madera de dientes cúbicos, se encuentra únicamente en un dibujo de Leonardo del *Códice de Madrid* I (10 r.) recientemente descubierto... Un alumno inexperto copió torpemente para ejercitarse en el dibujo del maestro, que representa la primera fase del proceso de invención –extraordinariamente profética– de la bicicleta».

Los placeres de los números y las invenciones imposibles

Leonardo se complace en los cálculos: unas veces espera obtener fantásticos beneficios de sus invenciones mecánicas y de sus proyectos fluviales, otras, especula sobre el número «infinito» de lados de los polígonos para resolver la cuadratura del círculo o multiplica por centenas de millares de millones los pesos que cuenta con desplazar

Estudio de movimiento perpetuo (*derecha*); página anterior, un croquis de bicicleta (¿del mismo Leonardo?) recientemente encontrado en el *Códice Atlanticus*.

fácilmente con sus máquinas de apariencia casi lógica. Pone a punto sistemas para medir la distancias por tierra y por mar. Calcula, con una buena aproximación, que el diámetro de la Tierra es de alrededor de 12.500 km, pero calcula que en el Mediterráneo no hoy menos de 40.200 puertos. Antes de su encuentro con Pacioli, Leonardo tiene dificultades con la aritmética simple: en el *Códice Atlanticus* escribe que «los números impares no tienen raíz cuadrada». Sin embargo, en una nota visionaria del 30 de noviembre de 1504, exulta: «la noche de san Andrés, cuando se acababan la vela, la noche y el papel sobre el que escribía, he resuelto en menos de una hora el problema de la cuadratura del círculo».

Teléfonos y catalejos

Leonardo dibuja una cadena de «interfonos» para la transmisión rápida de noticias «en cien mil cien casas, en las que estarán cien guardias que repercutirán la noticia a través de subterráneos y la darán a conocer en tres cuartos de hora» (Ms. B, 23 r.). En una profecía del *Códice Atlanticus*, evoca el día en el que «los hombres de las más lejanas comarcas se hablarán y se responderán». No obstante, si se tiene en cuenta la época, no se trata de la invención del teléfono sino, simplemente, de «escribirse cartas» (1.033 v.).

Leonardo el visionario es ante todo ese observador maravillado que recomienda: «Para la naturaleza de los planetas, abre el techo» y «hazte con unos anteojos para ver la Luna grande», después «tomas una hoja de papel, y practicas en ella unos agujeros con una aguja y a través de esos agujeros mira el Sol» (*Códice Trivulziano*, 12 r.) y concluye: «El Sol está inmóvil».

«Leonardismos y giocondolatría»

El leonardismo alcanzó su apogeo en el siglo XIX y su eco recorre todas las vanguardias artísticas de nuestro siglo. Leonardo aparece por doquier, en la literatura, en el cine, en el teatro, en la música y hoy en los diversos soportes multimedia. En un crescendo *irreprimible, el arte de Leonardo ha sido sumergido por el frenesí de difusión de imágenes por los medios de comunicación.*

La Gioconda

El mito de *La Gioconda* comienza en 1550 con la descripción minuciosa pero fantasiosa de Vasari, quien insiste en detalles inexistentes, como las pestañas. En 1625, Cassiano del Pozzo, tras haberla visto en el castillo de Fontainebleau, declara: «No le falta más que la palabra». En 1800, *Mona Lisa* está en la habitación de Bonaparte. Expuesta en el Louvre a partir de 1804, es considerada

Emblema
caleidoscópico
para la exposición
«Leonardismos
y giocondolatría».

sucesivamente vampiro, quimera, esfinge, falsa perversa, objeto de amor... madona laica o gran prostituta, mujer fatal, símbolo andrógico, encarnación de la imaginación de la Antigüedad y de la idea moderna, imagen de una sonrisa.

Sade ve en ella la «esencia misma de la feminidad», mientras que para la literatura romántica y decadentista (Óscar Wilde, Walter Pater, Joséphin Péladan, George Sand, Jean Lorrain, Jules Laforgue) es, cual un ángel hermafrodita, un simulacro inefable y ambiguo.

El 21 de agosto de 1911, *La Gioconda* es robada del Louvre por un italiano, Vincenzo Peruggia. Será recuperada en Florencia dos años más tarde. Se sospecha de Picasso, y Apollinaire es injustamente acusado del robo, mientras que d'Annunzio intenta en vano hacerse pasar por el inspirador de la fechoría. El caso la vuelve todavía más célebre, espejismo sublime u odioso (para Roberto Longhi, no es más que un «soso mendrugo de pan») y blanco de una iconoclastia desenfrenada.

La segunda guerra mundial la lleva a Amboise para un breve exilio de seguridad. En 1952 son expuestas 52 versiones de la pintura, de las que algunas aspiraban a ser reconocidas como autógrafas. En 1956, es víctima de una agresión; después, en 1963, lleva a cabo un viaje triunfal a Estados Unidos. Más tarde va al Japón y a la URSS en 1974.

Se cree descubrir en *Mona Lisa* signos de embarazo o de enfermedad. Sirena, amante de Francisco I o reina de la Atlántida, nuevas identidades le son atribuidas sin cesar. Su mirada legendaria parece provocar el síndrome de Mona Lisa: el espectador es capturado por su sonrisa, enigmática, indefinible.

En 1914, Malévitch tacha La Gioconda con dos cruces. Poco después, el dadaísta Marcel Duchamp le pone bigotes y la ridiculiza con el irrespetuoso LHOOQ (homófono de la frase en francés que significa «Ella tiene el culo caliente»).

En 1965, la galería Fels, en París, organiza la «Fiesta de la Gioconda» con la participación de artistas como Bay, Bury, Del Pezzo, Errò, Filliou, Gnoli, Klasen, Rotella, «bajo el alto patronato de su trascendencia G. M. & G. G. Marcel Duchamp, giocondólogo» que firma incluso la efigie de la célebre dama reproducida en un juego de cartas.

Leonardo futurista

Los futuristas italianos, cuyas teorías sobre el fotodinamismo y la aeropintura se inspiran en Leonardo, se sienten cercanos a él sobre todo por su entusiasmo por la máquina y su utopía tecnológica y arquitectónica. Pero detestan *La Gioconda*. Carrà la califica de «fétida» y Ardengo Soffici fustiga la «tosca cabeza bobalicona de Mona Lisa», no encontrándole otras virtudes que las purgativas. Sin embargo, Ungaretti sugerirá: «Quizá le ha faltado al futurismo un hombre, un Leonardo que hubiera sido capaz de llevar el arte a la carretera por donde viaja la ciencia. El carácter

mágico del arte se le ha escapado totalmente [al futurismo]».

(*Conmemoración del futurismo*, 1927).

En el teatro y en la canción

Julio Verne, novelista «leonardesco», escribió en 1874 una comedia llamada *Monna Lisa*. Un «leonardista idólatra» como d'Annunzio escribió una *Virgen de las rocas*, una *Leda y el cisne*, y, sobre todo, el guión de una película, *El hombre que robó La Gioconda*.

Bob Dylan, Nat King Cole y Elton John han cantado a Leonardo. Grandes directores, como Eisenstein, Tarkovsky, Dalí y Buñuel, han introducido el mito de Leonardo en una dimensión a su medida: la del cinematógrafo.

Arte, sociología, semiología

Leonardo inspira a los simbolistas, los prerrafaelistas, los impresionistas, los cubistas, los surrealistas... hasta al Pop Art, al arte conceptual, Fluxus y al arte del grafiti. Su mito parece acosar al arte contemporáneo, suscitando los estudios más singulares, tales como el «Tratado de giocondoclastia» que Jean Margat publica en 1959 en *Bizarre*, y el *Jeux Joconde*, de Jean Suyeux, en 1969. Sin citar los innumerables estudios y monografías, se pueden recordar las grandes exposiciones sobre el tema de la Gioconda; la de Tokio y París en 1971, presentada por Man Ray, la de Duisburgo en 1978, también «Art about art» en el Whitney Museum en 1978 y, en 1993, en el Louvre, «Copier Créer» con una sección dedicada al cuadro.

Desde 1972, el Archivio dei Leonardismi (que, desde 1993, forma parte del Museo Ideale de Vinci) reúne toda la documentación sobre las diversas utilizaciones de la obra de Leonardo.

BIBLIOGRAFÍA

Bibliografías:
– *Bibliografía Vinciana*, bajo la dirección de Ettore Verga, Milán, 1931.
– *Bibliotheca Leonardina 1483-1989*, Mauro Guerrini, Milán, Editrice Bibliografía, 1990.
– *Raccolta Vinciana* (26 números publicados de 1905 a 1995), publicados bajo la dirección de Ettore Verga y actualmente bajo la de Augusto Marinoni.
– Achademia Leonardi Vinci, *Journal of Leonardo Studies and Bibliography of Vincina*, 8 vols. bajo la dirección de Carlo Pedretti, Florencia, Giunti, 1988-1995.
– *Carlo Pedretti. A Bibliography of his Work on Leonardo Da Vinci and the Renaissance*, Pellerano Ludmer, J. (bajo la dirección de), Los Ángeles, University of California, 1984.

Escritos de Leonardo da Vinci:
– *Les Carnets de Léonard de Vinci*, intr., clasificación y notes de E. Mac Curdy, prefacio de P. Valéry, París, Gallimard, 1942.
– *Tratado de pintura*, Edición preparada por Ángel González, Editora Nacional. Madrid, 1976.
– *Manuscrit sur le vol des oiseaux*, ed. A. Marinoni, trad. S. Bramly, pról. André Chastel, París, Les Incunables, 1989.
– *The Litterary works of Leonardo da Vinci*, A Comentary to J. P. Ritcher's Edition by C. Pedretti, Los Ángeles University of California Press, 1977.

Catálogos de exposiciones:
– *Le Codex Hammer de Léonard de Vinci*, Jane Roberts (bajo la dirección de), intr. C. Pedretti, catálogo de la exposición, París, 1982.
– *Laboratorio su Leonardo*, Milán, IBM, 1983.
– *Leonardo: il Codice Hammer e la Mappa di Imola presentati da Carlo Pedretti*, catálogo de la exposición de Bolonia, Florencia, Giunti Barbera, 1985.
– *Léonard de Vinci ingénieur et architecte*, Paolo Galluzzi y Jean Guillaume (bajo la dirección de), intr. de C. Pedretti, catálogo de la exposición, museo de Bellas Artes de Montreal, 1987.
– *Leonardo da Vinci*, catálogo de la exposición de Londres, bajo la dirección de M. Kemp y J. Roberts, Yale University Press, 1989.
– *Leonardo artista delle macchine e cartografo*, catálogo de la exposición de Imola, R. Campioni, presentación C. Pedretti, Florencia, Giunti, 1994.

– *Les Ingénieurs de la Renaissance de Brunelleschi à Léonard de Vinci*, catálogo de la exposición, bajo la dirección de P. Galluzzi, Florencia, Giunti 1995 y Cité de les sciencies et de l'industrie por la traducción francesa, París, 1995.
– *Leonardo da Vinci. Della Natura, peso e motto delle acque. Il Codice Leicester*, catálogo de la exposición de Venecia, Milán y Roma, presentación de F. Zeri, Milán, Electa, 1995.

Estudios y monografías
– *Leonardo. Saggi e ricerche*, congreso del 500.º aniversario del nacimiento de Leonardo, Roma, Istituto Poligrafico di Stato, 1954.
– *Leonardo e Milano*, antología, G. A. Dell'Acqua (bajo la dirección de), Milán, Banca popolare di Milano, 1982.
– Alberti de Mazzeri, S., *Léonard de Vinci*, París, Payot, 1984.
– Baktin, L. M., *Leonardo da Vinci*, Roma-Bari, Laterza, 1988.
– Baldini, U., *Un Leonardo inedito*, presentación de A. Paolucci y de A. M. Petrioli Tofani, Florencia, Unversità Internazionale dell'Arte, 1992.
– Béguin, S., *Léonard de Vinci*, París, Louvre-RMN, 1988.
– Beltrami, L., (bajo la dirección de), *Documenti e memorie riguardanti la vita e le opere di Leonardo da Vinci*, Milán, Trèves, 1919.
– Bernardini, F., *La Gioconda chi è?* presentación de F. Cardini, Roma, Tomo edizioni, 1989.
– Bora, G. (bajo la dirección de), *Disegni e dipinti leonardeschi delle collezioni milanesi*, Milán, Electa, 1987.
– Bramly, Serge, *Léonard de Vinci*, París, J. C. Lattès, 1988.
– Brion, M., *Léonard de Vinci*, París, Albin Michel, 1952.
– Caroli, F. *Storia della fisiognamica. Arte e psicologia da Leonardo a Freud*, Milán, Mondadori, 1995.
– Chastel, A., *Art et humanisme à Florence au temps de Laurent le Magnifique*, París, P. U. F., 1952.
– Chastel, A., *L'Illustre Incomprise*, París, Gallimard, 1988.
– Cianchi, M., *Les Machines de Léonard*, introducción de C. Pedretti, iconografía de A. Vezzosi, Florencia, Becocci, 1982.
– Clark, K., *A catalogue of the Drawings of Leonardo da Vinci in the Collection of Her Majesty The Queen at Windsor Castle*,

Cambridge, 1935, 2.ª ed. con la colaboración de C. Pedretti, Londres 1968.
– Collati Arano, L., Marinoni, A. (bajo la dirección de), *Leonardo all'Ambrosiana,* Milán, Electa, 1982.
– De Micheli, M., *Leonardo, l'uomo e la natura,* Milán, Feltrinelli, 1952.
– Eissler, R.K., *Léonard de Vinci, Étude psychanalytique,* París, P. U. F., 1980.
– Fiorio, M.T., Marani, P. C. (bajo al dirección de), *Leonardeschi a Milano. Fortuna e collezionismo,* Milán, Electa, 1991.
– Firpo, L. *Leonardo architetto e urbanista,* Turín, Utet, 1971.
– Freud, S., *Un souvenir d'infance de Léonard de Vinci,* París, Gallimard, 1987.
– Garin, E., *Scienza e vitale civile del Rinascimento,* Bari, Laterza, 1980.
– Gille, B., *Léonard et les ingénieurs de la Renaissance,* París, 1964.
– Gombrich, E. H., *Apelle's Heredity,* Oxford, 1976.
– Gould, C. *The Artist and the Not-Artist,* Boston, N. J. G. S., 1975.
– Guillerm, J. P., *Tombeau de Léonard de Vinci, le peintre et ses tableaux dans l'écriture symboliste et décadente,* Lille, Presses universitaires, 1981.
– Heydenreich, L. H., *Invito a Leonardo, l'Ultima cena,* prólogo de C. Bertelli, Milán, Rusconi, 1982.
– Kemp, Martin, *Leonardo da Vinci. Le mirabili operazioni della natura e dell'uomo,* Milán, Aenoldo Mondadori, 1982 (Londres, 1981).
– Gérard Maïdani, J. P., *Léonard de Vinci. Mithologie ou théologie?* París, P. U. F., 1994.
– Marani, P. C., *Leonardo,* Milán, Electa, 1995; trad. francesa Françoise Lifran, Gallimard/Electa, 1996.
– Marani, P. C. y A. Vezzosi (bajo la dirección de), *Leonardo. La pittura,* textos de Argan, Berti, Marchini, Brown, Alpatov, Kustodieva, Heydenriech, De Campos, Becherucci, Gould, Brizio, Rosci, Russoli, Repinska, Arasse, Pedretti, Huyghe, Clark, Rudel, Meller, Calvesi, et Fabian; Florencia, Giunti, 1977 y 1985.
– Migliore S., *Tra Hermes e Prometeo. Il mito de Leonardo nel Decadentismo europeo,* intr. de C. Pedretti, Florencia, Olsckhi, 1994.
– Ottino dalla Chiesa, A. (bajo la dirección de), *L'opera completa di Leonardo pittore,* presentación de M. Pomilio, Milán, Rizzoli, 1967.
– Pedretti, C., *Leonardo Architetto,* Milán, Electa, 1978.
– Pedretti, C., *The Codex Atlanticus of Leonardo da Vinci. A Catalogue of Its Newly Restored Sheets,* New York, 1979.

– Popham, A. E., *The Drawings of Leonardo da Vinci,* Londres, 1946, París.
– Reti, L. (bajo la dirección de), *Leonardo,* Mondadori, Milán, 1974.
– Richard-Turner, A., *Inventing Leonardo,* Berkeley-Los Ángeles, University of California Press, 1993.
– Solmi, E. *Scritti vinciani. Le fonti dei Manoscritti di Leonardo da Vinci e altri studi,* presentación de E. Garin, Florencia, La Nuova Italia, 1976.
– Valéry, P., *Ecrits sur Léonard,* en *Œuvres,* París, La Pléiade, Gallimard, 1957.
– Yourcenar, M., *Le Temps ce grand sculpteur,* París, Gallimard, 1983, reed. 1991.
– *Bulletin de l'Association Léonard de Vinci,* Amboise (Jean Guillaume, «Léonard de Vinci et l'architecture française», n.º 14, diciembre 1975).

Entre las obras de Alessandro Vezzosi:

– *Leonardo's Return to Vinci: The Countess de Béhague Collection,* intr. C. Pedretti, catálogo de la exposición de Berkeley, itinerante en los EUA, Vinci, 1980, New York, Johnson Reprint, 1981.
– *Leonardo dopo Milano,* intr. C. Pedretti, texto de G. Dalli Regoli y P. Galluzzi, Florencia, Giunti, 1982.
– *Leonardo e il Leonardismo a Napoli e a Roma,* intr. C. Pedretti y contribuciones de diversos autores, catálogo de la exposición, Florencia, Giunti, 1983.
– *Codice marchingegni* 1482-1513, Vinci 199.
– *La Toscana di Leonardo,* Florencia, Becocci, 1984.
– *Leonardo. Art Utopia and Sciencie,* intr. C. Pedretti, catálogo de la exposición de Toronto, Florencia, Giunti, 1987.
– *Leonardo scomparso e ritrovato,* intr. C. Pedretti, catálogo de la exposición. Intervenciones de M. Calvesi, L. Firpo, A. Marinoni, C. Pedretti, Florencia, Giunti, 1989.
– *Attualità di Leonardo,* introd. C. Pedretti, catálogo de la exposición de Roma, Florencia, Giunti, 1989.
– *Vinci e Leonardo. Il sigillo dei Vinci.* Instrumentos-Memoria, Vinci 1989.
– *Leonardo da Vinci, Aktualitás és mitosz,* Museo Ideale, Vinci-Florencia, 1991. Catálogo de la exposición de Budapest.
– *Arte e cultura della terra, Il vino di Leonardo,* Florencia, Morgana, 1992.
– *Le trame del genio,* Prato, Texma, 1995.
– *I Vinci nelle Vite del Vasari,* Vinci, MILDV, 1996.

Un CD-ROM:

Leonardo. La pittura digitale. Florencia. Acta, 1988.

Roma, Pinacoteca
del Vaticano.

CAPÍTULO III

50 L. V., *La Virgen
de las rocas*; Louvre,
detalle (*véase* pág. 55).
51 L. V., vista de Milán
a vuelo de pájaro,
h. 1509, *Cod. Atl.*, 199 v.
52-53s L. V.,
carta apócrifa
de presentación a
Ludovico el Moro,
h. 1482, *Cod. Atl.* 1082 r.
52-53i L. V., Carro
de fuego, 1483-1487,
Londres, Britsh
Museum.
53 *Retrato de Ludovico
el Moro,* detalle de
la Pala Sforzesca
del maestro llamado de
la pala sforzesca, 1494,
Milán, Pinacoteca
de Brera.
54s L. V., Dibujo de una
lira, ¿h. 1506-1508?,
f.º C (añadido en el
Ms. B1, Ash. 2037).
54ci L. V., Rebus, h. 1488.
Windsor RL 12.692.
55iz L. V., *Virgen
de las rocas*, 1483-1486,
óleo sobre tabla
(transferido sobre tela
en 1806), 199 × 122 cm.
París, Louvre.
55d L. V. (y taller) *La
Virgen de las rocas,*
h. 1493-1508, óleo sobre
tela, 189 × 120 cm,
Londres, National
Gallery.
56s L. V., *Rostro de
mujer*, h. 1483. Turín,
Biblioteca Real.
56i L. V., *Virgen
de las rocas;* Louvre,
detalle: broche.
57 L. V., *Virgen
de las rocas*; Louvre,
detalle: ángel.
58c Taller de L. V.
(¿composición

y participación de
Leonardo?), *Madonna
Litta*, después de
1485, óleo sobre
tabla, 42 x 33 cm. San
Petersburgo, Ermitage.
58i L. V. (¿y
colaboradores?),
El músico, 1487, óleo
sobre tabla, 43 x 31 cm.
Milán, Pinacoteca
Ambrosiana.
58-59 L. V., *El anciano
y el joven*; h. 1490-1495,
Florencia, Uffizi,
Gabinete de Dibujos.
59 L. V., *La dama del
armiño*, h. 1489-1490,
óleo sobre tabla,
54,8 × 40 cm, Cracovia,
Czartoryski Museum.
60 L. V., caricatura
y listas de palabras,
h. 1487-1490. Cod.
Tribuliziano, 30 r.
60-61 L. V., «Corps»,
discípulo de la
experiencia, h. 1490.
Cod. Atl., 520 r.
61 L. V., paracaídas
piramidal de 12 brazas,
h. 1485. *Cod. Atl.*,
1058 v.
62s L. V., tornillo sin
fin, h. 1487. Ms. B, 83 v.,
Institut de France.
62i L. V., máquina
volante, h. 1494-1498,
Ms. I de Madrid, 64 r.
62d L. V., sistema de
respiración para buzo,
h. 1490, *Cod. Arundel*,
24 v.
63 L. V., cuádruple
ballesta gigante
accionada por 20
hombres, h. 1484-1488.
Cod. Atl. 1070 r.
64s L. V., alegoría
de *Phyllis cabalgando
a Aristóteles*, h. 1481
(1485). Hamburgo,
Kunsthalle, n.º 21.847.
64i L. V., alegoría *El
Sol y el espejo*, con

animales fantásticos,
h. 1485-1490. París,
Louvre, Gabinete
de Dibujos.
65s L. V., Detalle
de una hojita con
estudios de figuras,
h. 1488-1492. Windsor
RL 12.283 r.
65i L. V., alegoría
del *Deseo*, h. 1485.
Oxford, Christ
Church College.
66s L. V., estudio
para la cimborrio
del Duomo de Milán,
h. 1487. *Cod. Atl.*, 850 r.
66i L. V., sección de
un cráneo, h. 1489.
Windsor RL 19.058.
67s L. V., estudio
de las proporciones
según Vitrubio, h. 1490,
Venecia, Galleria
dell'Academia.
67i L. V., interior de
una iglesia, ábside,
h. 1488. Windsor RL
12.609 v.
68s L. V., estudios
de urbanismo (plan
director) para Milán,
h. 1493, *Cod. Atl.*, 184 v.
68c L. V., escalera de
doble rampa, h. 1487.
Ms B, 15 v, Institut
de France.
68i L. V., templo
con doce ábsides,
h. 1487-1489. Ms. B, 56
v, Institut de France.
69 L. V., estudios
de arquitectura,
h. 1487-1490. Ms. B, 12
r, Institut de France.
70siz L. V., estudios
anatómicos, h. 1488,
Windsor RL 12613 v.
70sd L. V., cabeza
grotesca, después
de 1490 (¿1508?).
Colección part.
70i L. V., estudio
para la escenografía
de *Danae*, 1496.

New York,
Metropolitan Museum.
71 L. V., *Hombre
grotesco*, detalle, 1491
(o h. 1508, como el
dorso), Windsor RL
12585 r.
72s L. V., estudio
para la fuente del
monumento Sforza,
h. 1493. Ms. II de
Madrid, 157 r.
72i L. V., estudio para
el monumento Sforza,
h. 1485-1490. Windsor
RL 12358 r.
73 L. V., resorte de
reloj, h. 1494-1496.
Ms. I de Madrid, 45 r.
74s L. V., mecanismo
de reloj, h. 1494-1496.
Ms. I de Madrid, 14 r.
74i L. V., jeroglífico
«Fal con Tempo», h.
1495-1497, *Cod. Forster*
II, 63 r. (*véase* detalle).
75 L. V., estudios
para una máquina de
hilar de movimiento
continuo, h. 1495.
Cod, Atl., 1.090 v.
76 L. V., *La belle
ferronière*; h. 1495, óleo
sobre tabla, 63
× 45 cm. París, Louvre.
76-77 L. V., *La Última
Cena*; 1495-1498,
temple y óleo sobre
una capa preparatoria
a base de materias
orgánicas, 460 × 880
cm. Milán, Santa Maria
delle Grazie.
78s L. V., *La Última
Cena*; Jesús instituyendo
la Eucaristía, los
apóstoles Tomás y
Santiago el Mayor
y la naturaleza muerta
sobre la mesa.
78i L. V., *La Última
Cena;* Judas, Pedro
y Juan.
79 L. V., *La Última
Cena*; Tadeo y Simón,

102siz Atribuido
a Pontormo, *Leda
y el cisne*, h. 1510
(¿?), óleo sobre tabla,
55 × 44 cm. Florencia,
Uffizi.
102sd Rafael según
L. V., *Leda y el cisne*,
h. 1506 (¿o 1513?).
Windsor RL 12759.
102i L. V., *Leda
arrodillada con el cisne*,
h. 1505. Chastworth,
col. del duque
de Devonshire.
103 Taller de L. V.,
Leda y el cisne
(llamada *Leda
spiridon*, adquirida
por Goëring para
Hitler, recuperada
por R. Siviero), óleo
sobre tabla 130 × 78 cm.
Florencia, Uffizi.

CAPÍTULO V

104 L. V., *Autorretrato*,
h. 1515, Turín,
Biblioteca Reale.
105 L. V., *La muchacha
que señala más allá
de lo visible*, h. 1516,
Windsor RL 12581.
107 L. V., el ojo
y los rayos de luz,
h. 1508-1509, Ms. D, 1 v.
106-107 L. V.,
experimentación
con un ojo en vidrio
reproduciendo el ojo
humano, h. 1508-1509,
Ms. D, 3 v. (dibujo en
el margen, presentado
aquí en horizontal).
108s L. V., estudio
del equilibrio,
h. 1506-1508. *Cod.
Leicester*, 8A-8 r.
108i L. V., Proyecto
de linterna con efectos
especiales, h. 1507 (¿?),
Cod. Arundel, 283 v.
109 L. V., el
desmelenado, h. 1506-
1508 (¿?), ocre, verde de

tierra y albayalde sobre
tabla, 24,7 × 21 cm.
Parma, Pinacoteca
Nazionale.
109s Taller de L. V.
(sobre una composición
del maestro), *Jesús y
san Juan Bautista niños*,
óleo sobre tabla,
43 × 41 cm, pintura
inédita en restauración,
col. part.
109i Taller de L. V.
(cf. dibujos autógrafos
de Windsor RL 12.524,
12525), *Salvator
Mundi*, después de
1510, óleo sobre tabla,
68,3 × 48,6 cm. Col. part.
110siz e iiz Taller de
L. V. (L. V. y alumnos,
con modificaciones
posteriores), *Baco-San
Juan*, después de 1510
con intervenciones del
siglo XVI, temple y óleo
sobre tabla transferida
a lienzo, 177 x 115 cm,
París, Louvre.
110-111 L. V., *San Juan
Bautista*, después de
1510 (¿1514?), óleo
sobre tabla, 69 x 57 cm,
París Louvre.
111s *Salvator Mundi*,
detalle (*véase* pág. 109).
111i L. V. redibujado
por un alumno, Estudio
para el ángel (viril) de
la *Anunciación*, h. 1513
(cf. dibujo de Windsor,
1504, y pintura de
Vâle). Col. part.
112iiz L. V., Estudio
para el monumento
ecuestre, h. 1508-1510.
Windsor RL 12355 r.
112id Atribuido a L. V.,
Cavalier, bronce
patinado en verde
sobre trazas de laca
negra sobre un
modelo en cera de
Leonardo (¿?). A.:
24,3 cm, Budapest

Szépmüvészeti
Muzeum.
113 L. V., Estudios de
anatomía comparada
(hombre y caballo),
h. 1508. Windsor RL
12.625.
114 L. V., El
transbordador
entre Vaprio d'Adda
y Canonica, h. 1513.
Windsor RL 12.400.
114-115 L. V., *Huracán
apocalíptico*, h. 1514-
1517. Windsor RL
12.376.
115 L. V., Alegoría
de la Mentira y de
la Verdad sobre una
hojita de estudios de
geometría, 1508-1513.
Windsor RL 12700 v.
116s L. V., Corona
de 256 caras, h. 1513.
Cod. Atl., 710 r.
116i L. V., Juego
de geometría sobre
la hojita donde figura
su nota sobre las
medicinas (¿o los
Medici?), h. 1516,
Cod. Atl 429 r.
116-117 L. V., máquina
para trenzar cuerdas,
h. 1513 (-1515).
Cod. Atl., 13 r.
117 L. V., el trefilador
a turbina para barras
metálicas, h. 1515.
Cod. Atl., 10 r.
118 L. V., *San Jorge
y el dragón*, h. 1515-
1517, Windsor RL
12.331 r.
118-119 L. V. (nombres
de lugar escritos por
Melzi), Estudio para
el saneamiento de
las marismas *pontinas*,
1514-1515, Windsor
RL 12684 r.
119 L. V., *Monstruo
felino*, detalle del
f.° 12.367 de Windsor,
h. 1515.

120 Telemaco
Signorini, casa
solariega de Cloux,
grabado para las
Ricerche de Gustavo
Ucielli, h. 1885.
120-121 Taller de L. V.
(¿Solario o Melzi?),
El castillo de Ambois,
vista de Cloux, h. 1508
o 1517. Windsor RL.
12.727.
121 Círculo de
Leonardo en Francia
(atribuido, entre
otros, a Jean Clouet),
*Francisco I en San
Juan Bautista*,
a la edad de 24 años.
122 L. V., Hombre
joven vestido, h. 1516.
Windsor RL 12.575.
123s L. V., estudios
para el palacio real de
Romorantin, h. 1517.
Cod. Atl. 209 r.
123i L. V., estudio para
la «ciudad nueva» de
Romorantin, h. 1517.
Cod. Arundel, 269 r.
124s Taller de L. V.,
Gioconda desnuda
(¿*Monna vanna*?),
después de 1510. San
Petersburgo, Ermitage.
124c L. V., *La Gioconda*,
detalle del puente,
París, Louvre.
124 Paisaje de la región
de Arezzo con el
puente de Buriano.
125 L. V., *La Gioconda
(o Dama en el
balcón)*, óleo sobre
tela, 77 × 53 cm, h. 1502
y 1513, París, Louvre.
125 Rafael, según
Dama en el balcón
de Leonardo,
h. 1505, París, Louvre,
Gabinete de Dibujos.
126s L. V., estudio
para el drapeado de
la Virgen de la *Santa
Ana* del Louvre,

CRÉDITOS DE LAS IMÁGENES

Archiv für Kunst und Geschichte, Berlin 12. Aurelio Amendola 21. DR (entre ellos A. Vezzosi y el Museo Ideale Leonardo da Vinci, Vinci) cubierta, 1, 6/7, 8/9, 11, 13, 14h, 14b, 14/15, 16, 16/17h, 18, 18b, 18/19, 19, 20h, 20/21, 22g, 22/33, 25, 27g, 28, 28/29, 31d, 32, 32d, 33m, 34, 36h, 36bg, 37g, 38bd, 39h, 39b, 40m, 41h, 42hd, 43h, 44g, 45, 46h, 46b, 47h, 47b, 47, 51, 52/53, 53, 54h, 54m, 54b, 55d, 58m, 58b, 59, 60, 60/61, 61,62,63,64h,65,66,67b,68h, 68m, 68b,69, 70hg, 70hd, 70b, 71, 72h, 72b, 73, 74h, 74b, 75, 80,81, 80/81, 82,83,85, 86/87, 87, 88,89,90, 90/91, 91, 92, 92/93, 94, 94/95, 95,96, 96/97, 97, 98, 99, 101, 102, 103,104, 105, 106, 107, 106/107, 108, 109, 111, 112h, 112hd, 113, 114, 114/115, 115, 116h, 116b, 116/117, 117, 118, 118/119, 119, 120, 120/121, 121, 122, 123h, 123b, 124, 126h, 126b, 128, 129, 130, 134, 137, 138, 140, 142, 144, 146, 147, 148. Escuela Nacional Superior de Bellas Artes, Paris 49 h. Electa contraportada, 79. Galeria Mathias Hans 109. Kunsthal, Róterdam 30, 111b. C. Maffucci-C. Starnazzi 124h. Paolo Tosi 20b, 22d. Unión de los Museos Nacionales, Paris cubierta, contracubierta, 2/3, 31g, 40, 43b,50, 55g, 56b, 57, 64b, 76, 84, 100/101, 110, 110/111, 124m. Roger-Viollet, Paris 127. Scala. Florencia 4/5, 16/17b, 24, 26, 26/27, 27d, 34/35, 36bd, 37d, 38g, 38bg, 40, 41b, 42hg, 44, 48, 49b, 56h, 58/59, 67h, 76/77, 78, 125. Superintendencia BAS, Florencia 33b.

AGRADECIMIENTOS

Alessandro Vezzossi y Découvertes Gallimard quieren agradecer muy especialmente a Agnese Sabato, presidente de la Asociación Internacional Leonardo da Vinci (Museo Ideale, Vinci) por su estrecha colaboración en la concepción de esta obra, así como a Michel Pierre, director del Instituto Francés de Florencia, por sus sagaces consejos.